Heft 5

Entscheidungen des Bundesarbeitsgerichts

Herausgegeben

von den Mitgliedern des Gerichtshofes

Entscheidungen des Bundesarbeitsgerichts

6. Band

Berlin 1959

Walter de Gruyter & Co.

vormals G. J. Göschen'sche Verlagshandlung / J. Guttentag, Verlagsbuchhandlung / Georg Reimer / Karl J. Trübner / Veit & Comp.

INHALT

ZITIERWEISE

Für die Zitierung dieser Sammlung wird die Abkürzung BAG empfohlen, z. B. BAG 1,70 (= Band 1 Seite 70).

verhältnisses Platz greifen. Die Ernennung eines Angestellten zum Beamten fällt aber nicht mehr in die Rechtssphäre des privatrechtlichen Arbeitsverhältnisses. Im übrigen könnte eine Verletzung des Gleichbehandlungsgrundsatzes nur vorliegen, wenn die Beklagte entgegen einer von ihr gesetzten Ordnung den Kläger willkürlich oder aus sachfremden Gründen schlechter gestellt hätte als die anderen Arbeitnehmer; das ist dem Sachvortrag des Klägers nicht zu entnehmen.

III. Soweit der Kläger schließlich seinen Anspruch auf eine Verletzung der Fürsorgepflicht nach § 36 DBG stützt, ist nicht der Rechtsweg zu den ordentlichen oder den Arbeitsgerichten, sondern zu den Verwaltungsgerichten gegeben, so daß die Zuständgikeit des Arbeitsgerichts auch nicht durch die vom zunächst angerufenen Landgericht ausgesprochene Verweisung begründet worden ist. Es kann daher hier unerörtert bleiben, ob eine Fürsorgepflicht des Dienstherrn nach § 36 DBG bereits bei Vorgängen anzunehmen ist, die auf die Begründung eines Beamtenverhältnisses zielen, ohne daß dieser Erfolg erreicht wird, insbesondere also, ob und unter welchen Voraussetzungen eine Fürsorgepflicht nach § 36 DBG bereits gegenüber demjenigen besteht, der wegen Fehlerhaftigkeit des Ernennungsaktes die Rechtsstellung eines Beamten nicht erlangt. Denn soweit man eine solche Fürsorgepflicht bejaht, kann es sich nur um eine öffentlich-rechtliche, im Beamtenrecht wurzelnde Fürsorgepflicht handeln. Ansprüche aus einer Verletzung dieser Pflicht sind daher auch nur in dem vom Gesetz dafür vorgesehenen Rechtsweg geltend zu machen.

Nun bestimmt § 180 Abs. 1 des am 1. April 1951, also vor Klageerhebung, in Kraft getretenen und deshalb nach seinem § 206 hier maßgeblichen Landesbeamtengesetzes für Nordrhein-Westfalen, daß für alle Klagen der Beamten aus dem Beamtenverhältnis der Verwaltungsrechtsweg gegeben ist, soweit nicht ein anderer Rechtsweg gesetzlich vorgeschrieben ist. Die Zulässigkeit des Rechtswegs ist eine Prozeßvoraussetzung, die in jeder Lage des Verfahrens, also auch in der Revisionsinstanz, zu prüfen ist. Dabei hat das Revisionsgericht auch die landesrechtliche Norm des § 180 LBG (NRW) zu beachten; denn § 73 ArbGG, der im arbeitsgerichtlichen Verfahren an die Stelle von § 549 ZPO tritt und dessen Anwendung in vollem Umfang ausschließt, enthält keine Einschränkungen der Revisibilität von Rechtsnormen. Es ist daher für das Revisionsgericht nicht bindend, daß das Berufungsgericht die Zulässigkeit des vom Kläger beschrittenen Rechtswegs für den Schadenersatzanspruch aus § 36 DBG stillschweigend bejaht hat, indem es über diesen Anspruch sachlich entschieden hat.

Allerdings spricht § 180 LBG (NRW) nur von Klagen der Beamten. Dehnt man aber die materiell-rechtliche Bestimmung des § 36 DBG, die auch nur von der Fürsorge gegenüber dem Beamten bei seinen amtlichen Verrichtungen und in seiner Stellung als Beamter handelt, auf Personen aus, die wegen Fehlerhaftigkeit des Ernennungsaktes nicht Beamte geworden sind, so muß für deren Ansprüche, soweit sie sich auf diese Bestimmung stützen, sinngemäß auch die für diese Bestimmung getroffene Regelung des Rechtswegs gelten. Eine andere Auslegung des § 180 LBG würde am Wortlaut haften und dem Sinn der Regelung, Streitigkeiten aus dem Beamtenrecht insgesamt den Verwaltungsgerichten zuzuweisen, nicht gerecht werden (vgl. hierzu die Auslegung von Art. 129 Abs. 1 Satz 4 WeimRVerf., § 71 Abs. 2 Nr. 1 GVG für Schadenersatzansprüche aus Verletzung einer Zusicherung auf Einstellung als Beamter in BGHZ 23, 36). Damit entfällt hier auch die nur subsidiäre Zuständigkeit der ordentlichen Gerichte kraft Zuweisung nach Art. 19 Abs. 4 GG für Rechtsverletzungen durch öffentliche Gewalt.

Es ergibt sich also, daß über die Klage, soweit sie auf Amtspflichtverletzung und den Arbeitsvertrag gestützt ist, sachlich zu entscheiden war. Für den daneben geltend gemachten Klagegrund der Verletzung einer auf § 36 DBG beruhenden Fürsorgepflicht ist dagegen der Rechtsweg zu den Verwaltungsgerichten eröffnet, so daß über diesen Klagegrund des geltend gemachten Anspruchs sachlich nicht befunden werden konnte und insoweit die Unzulässigkeit des beschrittenen Rechtswegs festzustellen war (vgl. BGH JW 1954 S. 1322 f.; Rosenberg, Lehrbuch, 7. Aufl., § 33 II 2; Wieczorek, § 260 ZPO Anm. B II b 4). Mit dieser Maßgabe war die Revision des Klägers gegen das die Klageabweisung bestätigende Berufungsurteil zurückzuweisen.

43

Der Begriff der Böswilligkeit nach § 615 Satz 2 BGB.

ArbGG 1953 § 72 Abs. 1 Satz 2, 3; BGB § 615 Satz 2.

II. Senat. Urteil vom 18. 10. 1958 i. S. M. & B. (Bekl.) w. W. (Kl.).
2 AZR 291/58.

I. Arbeitsgericht Köln. — II. Landesarbeitsgericht Düsseldorf (Köln)

Die Klägerin war seit dem Jahre 1951 bei der Beklagten als Näherin beschäftigt. Sie wurde im Mai 1957 in den Betriebsrat der Beklagten gewählt. Am 27. Mai 1957 kündigte die Beklagte das Arbeitsverhältnis fristlos. Es steht rechtskräftig fest, daß diese Kündigung unwirksam war.

Die Klägerin verlangt mit der vorliegenden Klage unter dem Gesichtspunkt des Annahmeverzuges der Beklagten Lohnzahlung für die Zeit vom 4. Juli bis 3. Oktober 1957 in der unstreitigen Höhe von 623,85 DM.

Die Beklagte hat die Zahlung mit dem Hinweis abgelehnt, die Klägerin habe während der Zeit, für die sie Lohn verlange, böswillig unterlassen, eine andere Arbeit anzunehmen. Die Klägerin habe alsbald nach ihrer Entlassung bei der Beklagten und auch später am 15. November 1957 bei einer Firma B. anläßlich ihrer Vorstellung auf Grund einer Zuweisung des Arbeitsamtes darauf hingewiesen, sie sei noch Betriebsratsmitglied der Beklagten und wolle weiterhin dieses Amt ausüben, was ihre zeitweilige Abwesenheit von der Arbeit bei der Firma B. bedingen werde; sie führe außerdem gegen die Beklagte einen Prozeß um die Frage der Wirksamkeit ihrer fristlosen Kündigung; nach einer für sie erfolgreichen Durchführung dieses Prozesses beabsichtige sie, die Arbeit bei der Beklagten wieder aufzunehmen. Die Beklagte behauptet, die Klägerin habe durch diese Mitteilungen an die Firma B. ihre Einstellung böswillig hintertrieben.

Die Klage hatte in allen drei Instanzen Erfolg.

Aus den Gründen:

I. Die von der Beklagten eingelegte Revision ist gemäß § 72 Abs. 1 Satz 3 ArbGG statthaft, denn das angefochtene Urteil weicht in seinem tragenden Rechtssatz, zu dem das Bundesarbeitsgericht bisher noch keine Entscheidung getroffen hat, von den von der Beklagten zitierten Urteilen des Landesarbeitsgerichts Frankfurt vom 23. August 1956 (BB 56, 1199) und des Landesarbeitsgerichts Berlin vom 27. August 1957 (AP Nr. 4 zu § 615 BGB) ab.

Das angefochtene Urteil führt aus, Böswilligkeit der Klägerin im Sinne des § 615 Satz 2 BGB würde *nur* dann vorliegen, wenn die Klägerin eine andere Arbeit nicht aus sachlichen Bedenken, sondern in der *Absicht*, die Beklagte zu schädigen, abgelehnt hätte. Die beiden angeführten Urteile der Landesarbeitsgerichte Frankfurt und Berlin sprechen demgegenüber aus, daß für die Böswilligkeit im Sinne des § 615 Satz 2 BGB die *Absicht* der Schadenszufügung *nicht erforderlich* sei, vielmehr die Anrechnungspflicht bereits bestehe, wenn der Arbeitnehmer eine ihm zumutbare Arbeit *vorsätzlich*, d. h. in Kenntnis der Schadensfolge für den Arbeitgeber, nicht annehme. Das angefochtene Urteil weicht daher von den angeführten Entscheidungen der Landesarbeitsgerichte Frankfurt und Berlin ab. Es beruht auch auf dieser

Abweichung, ebenso wie die angezogenen Urteile von der in ihnen vertretenen Ansicht getragen werden. Das angefochtene Urteil läßt seine Entscheidung, gleich wie auch seine sonstigen Erwägungen lauten, betont aus der angeführten, von ihm für richtig gehaltenen Rechtsmeinung erwachsen, während die beiden angeführten Urteile zu ihrem Ergebnis auf Grund gerade ihrer hier wiedergegebenen Auffassung kommen.

II. Die Klägerin muß sich einen möglichen Arbeitsverdienst für die Zeit vom 4. Juli bis 3. Oktober 1957 nach § 615 Satz 2 BGB nur dann anrechnen lassen, wenn sie in dieser Zeit böswillig unterlassen hat, durch anderweite Verwendung ihrer Arbeitskraft den möglichen Arbeitsverdienst zu erwerben (vgl. statt anderer Staudinger-Nipperdey-Mohnen, § 615 BGB Anm. 38).

Der Begriff der Böswilligkeit findet sich außer in § 615 Satz 2 BGB auch z. B. in § 324 Abs. 1 Satz 2 BGB, § 9 Buchst. b KSchG und in § 13 Nr. 1 der Tarifordnung für Filmschaffende vom 19. August 1943 (RABl. IV 628). Der Sinn dieser Begriffes ist in diesen Vorschriften jeweils derselbe. Rechtsprechung und Schrifttum (LAG Düsseldorf AP Nr. 1 zu § 615 BGB; LAG Berlin AP Nr. 4 zu § 615 BGB; Staudinger-Nipperdey-Mohnen, § 615 BGB Anm. 41; Hueck-Nipperdey, Lehrbuch des Arbeitsrechts, 6. Aufl., 1. Band, S. 298; Palandt, BGB, 17. Aufl., § 615 Anm. 4; Erman, BGB, 2. Aufl., § 615 Anm. 3 und § 324 Anm. 3; Prasse, BlStSozArbR 58, 59) haben die Böswilligkeit allgemein dahin bestimmt, daß sie dann vorliegt, wenn der Arbeitnehmer (bzw. der Schuldner im Falle des § 324 Abs. 1 Satz 2 BGB) willkürlich die Möglichkeit, den Schaden des Arbeitgebers (oder Gläubigers) zu mindern, in Kenntnis der Schadensvergrößerung und trotz zumutbar anderweiter Verwendungsmöglichkeit der Arbeitskraft ungenutzt läßt.

Alle genannten Vorschriften, die den Begriff der Böswilligkeit enthalten, sind ihrer rechtssystematischen Stellung nach Ausnahmen von dem Grundsatz, daß der Arbeitgeber (oder Gläubiger) bei Annahmeverzug nicht von der Lohnzahlung (oder Erbringung der Gegenleistung) befreit wird.

Der Begriff der Böswilligkeit enthält seinem Wesen nach zwei Momente: mit der Verwendung des Wortes „böswillig" kommt der Wille des Gesetzes zum Ausdruck, daß es besonders auch auf die Einstellung des Arbeitnehmers ankommt. Ihm muß den Umständen des Falles nach ein seinen Willen betreffender Vorwurf daraus gemacht werden können, daß er während des Annahmeverzugs des Arbeitgebers untätig geblieben ist oder die Aufnahme der Arbeit verhindert hat. Weitere Voraussetzung dafür ist, daß eine Möglichkeit zum Tätigwerden überhaupt bestand und die Tätigkeit für den Arbeitnehmer unter Berücksichtigung aller Umstände des Einzelfalles zumutbar war.

Insbesondere darf bei der Auslegung des Begriffes der Böswilligkeit der allgemein geltende Grundsatz von Treu und Glauben nicht außer acht gelassen werden. Demgemäß ist zu berücksichtigen, daß es unerträglich wäre, wenn der Schuldner in einer gegen Treu und Glauben und der Arbeitnehmer in einer gegen die Treupflicht im Arbeitsverhältnis verstoßenden Weise auf Kosten des Gläubigers bzw. des Arbeitgebers aus dessen Annahmeverzug Gewinn ziehen würde (illoyales Verhalten: Prasse a. a. O.). Ebenso verhält es sich mit dem insbesondere das Schadensersatzrecht beherrschenden und sich ebenfalls letztlich auf § 242 BGB gründenden Gedanken, daß der Gläubiger eines Anspruchs gehalten ist, den Schaden im Rahmen des den Umständen nach Zumutbaren möglichst gering zu halten, ein Gedanke, wie er z. B. in § 254 Abs. 2 BGB verankert ist.

Wenn es für den Begriff der Böswilligkeit, wie oben ausgeführt, entscheidend auf die Einstellung des Arbeitnehmers (und Schuldners) ankommt und ihm diese zum Vorwurf zu machen ist, so folgt daraus noch nicht, daß er die Absicht verfolgen muß, durch sein Untätigwerden einen Schaden des Arbeitgebers (und Gläubigers) herbeizuführen (so RAG ArbRS 30, 113 [116]; Denecke, Der Dienstvertrag, § 615 BGB Anm. 4; LAG Frankfurt AP Nr. 2 zu § 615 BGB, jedoch mit abl. Anmerkungen von Götz Hueck; nicht ganz eindeutig Enneccerus-Lehmann, Lehrbuch des Bürgerlichen Rechts, Schuldverhältnisse, 15. Bearbeitung 1958, § 46 Anm. 19). Denn vorwerfbar ist die Einstellung des Arbeitnehmers (und Schuldners) nach Treu und Glauben — und letztlich gründet sich die Anrechnungspflicht eben auf diesen Grundsatz — bereits dann, wenn der Arbeitnehmer in Kenntnis der objektiven Umstände — Arbeitsmöglichkeit, Zumutbarkeit der Arbeit und Nachteilsfolge für den Arbeitgeber — dennoch untätig bleibt oder die Aufnahme der Arbeit verhindert. Zur Böswilligkeit ist daher nicht die Absicht der Schadenszufügung erforderlich (Hueck-Nipperdey, Lehrbuch des Arbeitsrechts, 2. Aufl., 1. Band, S. 299; Staudinger-Nipperdey-Mohnen, § 615 BGB Anm. 41; Palandt, BGB, 17. Aufl., § 615 Anm. 4; LAG Düsseldorf, BB 56, 79; LAG Berlin AP Nr. 4 zu § 615 BGB; Prasse a. a. O.). Andererseits liegt Böswilligkeit nicht schon dann vor, wenn der Arbeitnehmer in irgendeiner Weise fahrlässig von den objektiven Umständen — Arbeitsmöglichkeit, Zumutbarkeit der Arbeit und Nachteilsfolge für den Arbeitgeber —

keine Kenntnis hatte (vgl. die vorstehenden Fundstellen und LAG Berlin im Berliner Entscheidungskalender 1955 Gr. 4, S. 643). Es ist immer zu berücksichtigen, daß sich der Arbeitgeber in Annahmeverzug befindet, wobei im Falle der Arbeitsverhältnisses entgegen § 300 BGB grobe Fahrlässigkeit auf Seiten des Arbeitnehmers deswegen nicht genügt, weil die Entschließung über die Aufnahme einer neuen Tätigkeit durch den Arbeitnehmer im Hinblick auf die personale Struktur des Arbeitsverhältnisses besonders schwerwiegend sein kann.

Auch der Gedanke, den Schaden des Gläubigers möglichst gering zu halten, stellt darauf ab, was dem Schuldner, hier also dem Arbeitnehmer, bei dem die personale Struktur des Arbeitsverhältnisses eine Rolle spielt, den Umständen nach zumutbar ist.

Zu Unrecht vertritt das angefochtene Urteil daher die Rechtsansicht, Böswilligkeit der Klägerin im Sinne des § 615 Satz 2 BGB könne nur dann vorliegen, wenn sie die Absicht gehabt habe, die Beklagte zu schädigen.

Trotzdem braucht die Klägerin sich im vorliegenden Fall einen möglichen Verdienst nicht anrechnen zu lassen. Denn auch bei Beachtung der vorstehend aufgestellten Grundsätze liegt in dem Verhalten der Klägerin nach den tatsächlichen Feststellungen des Landesarbeitsgerichts und dem eigenen Vortrag der Beklagten keine Böswilligkeit. Ihr kann vor allem nach den Umständen des Falles kein Vorwurf gemacht werden, untätig geblieben zu sein oder die Aufnahme von Arbeit verhindert zu haben.

Die Beklagte ist für die Voraussetzungen der Anrechnungspflicht nach § 615 Satz 2 BGB darlegungs- und beweispflichtig (Staudinger-Nipperdey-Mohnen § 615 BGB Anm. 43; Hueck-Nipperdey, Lehrbuch des Arbeitsrechts, 6. Aufl., 1. Band, S. 300).

Soweit die Beklagte vorgetragen hat, die Klägerin habe bei der Firma B. am 15. November 1957 eine ärztliche Untersuchung durch den Betriebsarzt dieser Firma abgelehnt und dieser außerdem mitgeteilt, sie sei noch Betriebsratsmitglied der Beklagten, ist dieser Vortrag jedenfalls schon nicht schlüssig, um eine Anrechnungspflicht der Klägerin zu begründen. Die Klägerin fordert Lohnzahlung für die Zeit vom 4. Juli bis 3. Oktober 1957. Die von der Beklagten behaupteten Tatsachen haben aber, da sie erst nach diesem Zeitraum liegen sollen, keinen rechtlichen Einfluß auf den Bestand der von der Klägerin geltend gemachten Lohnforderung.

Auch soweit sich die Beklagte auf das angebliche Verhalten der Klägerin gegenüber der Firma B. kurz nach der fristlosen Kündigung vom

27. Mai 1957 stützt, ist es nicht geeignet, eine Anrechnungspflicht der Klägerin schlüssig zu begründen.

In dem von der Beklagten behaupteten Mitteilungen der Klägerin gegenüber der Firma B. liegt, die Wahrheit unterstellt, keine Böswilligkeit im Sinne des § 615 Satz 2 BGB. Zwar ist der Revision insoweit Recht zu geben, als es nicht erforderlich war, daß die Firma B. der Klägerin tatsächlich ein Einstellungsangebot machte und die Klägerin dies ablehnte, sondern es vielmehr auch genügen konnte, wenn die Klägerin sich böswillig so verhielt, daß die Firma B. kein Einstellungsangebot abgab.

Wenn die Klägerin aber bei den Verhandlungen mit der Firma B. wahrheitsgemäß mitteilte, in welchem Verhältnis sie damals zu der Beklagten stand und daß sie je nach dem Ausgang des Kündigungsprozesses die Rückkehr in den Betrieb der Beklagten beabsichtige, so ist dies kein illoyales Verhalten der Klägerin gegenüber der Beklagten. Die Klägerin verhielt sich vielmehr völlig korrekt, indem sie die Firma B. über das Verhältnis zur Beklagten unterrichtete. Denn diese Umstände konnten für einen seine Interessen sachgemäß beurteilenden Arbeitgeber unmittelbar von sehr erheblicher Bedeutung sein und waren es im vorliegenden Fall auch tatsächlich, wie das Verhalten der Firma B. zeigt. Verschwieg die Klägerin diese Umstände, so setzte sie sich möglicherweise Ansprüchen der Firma B. aus Verschulden bei Vertragsschluß aus.

Der Senat kommt deshalb, wenn auch mit einer anderen Begründung als das angefochtene Urteil, zu dem Ergebnis, daß eine Anrechnungspflicht der Klägerin nach § 615 Satz 2 BGB nicht besteht.

44

1. Auf am 8. Mai 1945 im Ruhestand befindliche Arbeitnehmer findet § 62 Abs. 3 Regelungsgesetz keine Anwendung.

2. Auf die an einheimische Arbeitnehmer (§ 63 Abs. 1 Regelungsgesetz) zu gewährende Versorgung sind Renten aus den gesetzlichen Rentenversicherungen grundsätzlich anzurechnen.

§§ 29, 52, 62, 63 Regelungsgesetz i. d. F. der Bekanntmachung vom 1. 9. 1953 (BGBl. I S. 1287), § 52 Regelungsgesetz i. d. F. der Bekanntmachung vom 11. 9. 1957 (BGBl. I S. 1297), § 4 der 3. DVO zum Regelungsgesetz i. d. F. vom 10. 6. 1955 (BGBl. I S. 283).

III. Senat. Urteil vom 21. 10. 1958 i. S. B. (Bekl.) w. D. (Kl.).
3 AZR 212/57.

I. Arbeitsgericht Berlin. — II. Landesarbeitsgericht Berlin.

Der am 19. November 1884 geborene Kläger war seit 1904 bei der Gasbetriebsgesellschaft in B. und seit 1940 bei deren Rechtsnachfolgerin, den B. Gaswerken, einem Eigenbetrieb der Beklagten, als Rohrleger tätig. Im Jahre 1944 wurde der Kläger infolge eines Verkehrsunfalles arbeitsunfähig und mit Wirkung vom 30. November 1944 gemäß dem Ruhegeldgemeindebeschluß der Stadt B. vom 5. Juni 1929 in den vorläufigen Ruhestand versetzt und ihm ein Ruhegeld bewilligt.

Die Beklagte zahlte dem Kläger für die Zeit nach dem 1. Januar 1953 ein Ruhegeld nach dem Regelungsgesetz, auf das sie die Rente des Klägers aus der Sozialversicherung, die er für die Dienstzeit bei der Beklagten bzw. ihrer Rechtsvorgängerin erhält, voll anrechnete.

Der Kläger, der politisch unbelastet ist, meint, sein Ruhegeld müsse allein nach dem Ruhegeldgemeindebeschluß vom 5. Juni 1929 berechnet werden; denn er habe sich am 8. Mai 1945 nur im einstweiligen Ruhestand befunden, so daß sein Dienstverhältnis gemäß § 62 Abs. 3 des Regelungsgesetzes als fortbestehend anzusehen sei. Aber auch nach § 63 Abs. 1 und § 52 Regelungsgesetz sei sein Ruhegeld nach dem Ruhegeldgemeindebeschluß zu berechnen, wie sich aus § 7 Abs. 3 des Berliner Durchführungsgesetzes zum Regelungsgesetz vom 13. Dezember 1951 (GVBl. Berlin S. 1162) ergebe. Da nach § 9 des Ruhegeldgemeindebeschlusses auf die Versorgungsbezüge nur die Hälfte der Sozialrenten anzurechnen sei, könne die Beklagte bei der Berechnung der Versorgungsbezüge des Klägers die Sozialrenten nicht in voller Höhe absetzen.

Der Kläger verlangt für die Zeit ab 1. Januar 1953 1300,— DM als einen der Höhe nach nicht streitigen Differenzbetrag zwischen dem ihm gewährten Ruhegeld und den Versorgungsbezügen, die ihm gemäß § 9 des Ruhegeldgemeindebeschlusses zustehen würden.

Die Beklagte glaubt, der Kläger könne sich auf die Bestimmung des § 62 Abs. 3 Regelungsgesetz nicht berufen. Die Anrechnung der vollen Sozialrente sei aber nach § 52 Regelungsgesetz und § 4 der 3. DVO zum Regelungsgesetz vorgeschrieben.

Das Arbeitsgericht hat der Klage stattgegeben. Das Landesarbeitsgericht hat die Berufung der Beklagten zurückgewiesen. Die Revision der Beklagten führte zur Aufhebung und Zurückverweisung.

Aus den Gründen:

1. Zutreffend geht das Landesarbeitsgericht davon aus, daß der Kläger aus § 62 Abs. 3 Regelungsgesetz keine Rechte herleiten kann. Zwar gehört der Kläger zu den politisch Unbelasteten. Er arbeitete jedoch

am 8. Mai 1945 nicht mehr bei der Beklagten und war zu dieser Zeit bereits im vorläufigen Ruhestand. Der Kläger hat demnach durch die Nachkriegsfolgen keinen Arbeitsplatz bei der Beklagten verloren, so daß die Bestimmung des § 62 Abs. 3 Regelungsgesetz, die einen Verlust des Arbeitsplatzes trotz politischer Unbelastetheit voraussetzt, auf ihn keine Anwendung finden kann. Diese Bestimmung des Regelungsgesetzes auf vorläufig oder endgültig in den Ruhestand getretene Arbeitnehmer entsprechend anzuwenden ist schon deshalb nicht möglich, weil das Regelungsgesetz die Rechtsverhältnisse der Personen, die sich am 8. Mai 1945 bereits im Ruhestand befanden, ausdrücklich besonders und getrennt von den noch im Dienst befindlichen Personen geregelt hat. Die Bestimmung des § 62 Abs. 3 des Regelungsgesetzes widerspricht auch nicht dem Gleichheitsgrundsatz; denn es muß dem Gesetzgeber die Freiheit belassen werden, im Rahmen des Regelungsgesetzes aktive Dienstverhältnisse anders zu behandeln als Dienstverhältnisse, bei denen der Dienstverpflichtete bereits in den Ruhestand getreten ist.

2. Der Kläger fällt, worüber unter den Parteien kein Streit besteht, unter die Personengruppe des § 63 Abs. 1 Nr. 2 Regelungsgesetz. Die Beklagte stellt daher auch ihre grundsätzliche Verpflichtung, dem Kläger Ruhelohn entsprechend dem Regelungsgesetz zahlen zu müssen, nicht in Abrede. Allein streitig ist, ob die Beklagte berechtigt ist, von dem dem Kläger zustehenden Ruhelohn in voller Höhe die ihm für den Zeitabschnitt, der ruhelohnfähig ist, zu errechnende Rente aus der Rentenversicherung, soweit diese nicht auf freiwilligen Beiträgen beruht, abzusetzen.

Die streitige Frage beantwortet sich für die Arbeitnehmer, die zu dem Personenkreis der Verdrängten gehören, gemäß §§ 52 Satz 1, 29 Regelungsgesetz nach den Vorschriften des Bundesbeamtengesetzes. Auf die hiernach zu errechnenden Beträge sind gemäß § 52 Satz 1, 2. Halbsatz Regelungsgesetz und § 4 der 3. DVO die Sozialrenten, soweit sie auf Pflichtbeiträgen beruhen, in voller Höhe anzurechnen. Diese Regelung findet für den Kläger als Einheimischen gemäß § 63 Abs. 1 Regelungsgesetz entsprechende Anwendung, und zwar mit der Maßgabe, daß die Vorschriften des Bundesrechts (des Regelungsgesetzes, des Bundesbeamtengesetzes und der Bundesdisziplinarordnung) nur insoweit anzuwenden sind, wie sie in § 63 Abs. 1 Satz 1 Regelungsgesetz in Bezug genommen worden sind. Soweit das für die Einheimischen als anwendbar erklärte Bundesrecht auf andere bundesrechtliche Vorschriften verweist, die ihrerseits in § 62 Abs. 1 Satz 1 Regelungsgesetz nicht angeführt worden sind, findet das entsprechende Landesrecht Anwendung.

Der Begriff Landesrecht ist im Gegensatz zum Bundesrecht zu verstehen und umfaßt auch sonstiges regionales Recht, wie z. B. den Ruhegeldgemeindebeschluß der Beklagten vom 5. Juni 1929, nach dessen § 9 auf das von der Beklagten zu gewährende Ruhegeld im Gegensatz zu § 52 Satz 1, 2. Halbsatz Regelungsgesetz und § 4 der 3. DVO die Versorgungsbezüge aus der Sozialversicherung, soweit sie nicht auf freiwilligen Leistungen beruhen, grundsätzlich nur zur Hälfte anzurechnen sind. § 29 Regelungsgesetz, der für die verdrängten Angestellten die Bemessungsgrundlage für ihre Rente nach dem Regelungsgesetz ergibt, ist in § 63 Abs. 1 Regelungsgesetz für den Kreis der Einheimischen nicht als anwendbar aufgeführt. Daher ist die Rente des Klägers der Höhe nach gemäß den Grundsätzen des Ruhegeldgemeindebeschlusses der Beklagten zu berechnen. Berücksichtigt man auch nach dem Ruhegeldgemeindebeschluß die Sozialrente des Klägers, so ist die Klageforderung begründet. Hält man dagegen § 52 Regelungsgesetz, der in § 63 Regelungsgesetz in seiner Gesamtheit für die Versorgungsregelung der Einheimischen in Bezug genommen worden ist, und den hierzu erlassenen § 4 der 3. DVO hinsichtlich der Frage der Anrechnung von Sozialrenten als eine Regelung, die auch für die nach Landesrecht zu berechnenden Versorgungsbezüge der Einheimischen maßgebend ist, so stehen dem Kläger die von ihm geltend gemachten Versorgungsbezüge nicht zu. Die Entscheidung des Rechtsstreits ist somit davon abhängig, nach welcher Vorschrift die Sozialrente des Klägers auf die nach dem Regelungsgesetz zu zahlende Rente anzurechnen ist.

Dem Landesarbeitsgericht ist zuzustimmen, daß aus dem Wortlaut des Regelungsgesetzes die Frage der Anrechnung von Sozialrenten nicht eindeutig zu klären ist. Zwar läßt sich aus der Fassung des § 4 der 3. DVO bereits ein Hinweis dafür entnehmen, daß diese Gesetzesbestimmung, die die volle Anrechnung der Sozialrenten vorschreibt, eine im Rahmen des Regelungsgesetzes allgemein anzuwendende Sondervorschrift darstellt. § 4 der 3. DVO ist nämlich nicht — wie z. B. die ausführlichen Bestimmungen des § 2 der 3. DVO — als Ergänzung nur eines Paragraphens des Regelungsgesetzes erlassen (es fehlt ein entsprechender Zusatz „zu § ...“), sondern allgemein zur Regelung der Rechtsverhältnisse der Angestellten und Arbeiter mit vertraglichem Anspruch auf Versorgung nach beamtenrechtlichen Grundsätzen oder auf Ruhelohn (vgl. die amtliche Überschrift der 3. DVO — BGBl. 1955 I S. 283). Auch mag der Umstand, daß § 63 Abs. 1 Satz 1 Regelungsgesetz bei einzelnen Paragraphen nur bestimmte Absätze oder Nummern, bei § 52 Regelungsgesetz jedoch die gesamte Gesetzesvorschrift für die einheimischen Angestellten für anwendbar erklärt, darauf hindeuten, daß die in § 52 Satz 1, 2. Halbsatz Regelungsgesetz grundsätzlich festgelegte und in § 4 der 3. DVO näher konkretisierte Bestimmung über die Anrechnung der Sozialrenten auch für die Einheimischen maßgebend sein soll. Es läßt sich jedoch aus den erwähnten Bestimmungen des Regelungsgesetzes, wenn man sie allein nach ihrem Wortlaut auslegt, auch die Meinung rechtfertigen, der Ruhegeldgemeindebeschluß der Beklagten sei nicht nur bei der Berechnung der nach dem Regelungsgesetz zu gewährenden Rente, sondern auch bei der Anrechnung der Sozialrenten anzuwenden; denn wenn sich die Rente des Klägers in ihrer rechnerischen Höhe nach Landesrecht bestimmt, so mag es naheliegen, die Anrechnung der Sozialrenten als Teil der Berechnungsgrundlage der von der Beklagten zu zahlenden Rente anzusehen und diese ebenfalls nach Landesrecht zu beurteilen. Läßt sich also aus dem Wortlaut des Regelungsgesetzes die hier zu entscheidende Frage der Anrechnung von Sozialrenten nicht eindeutig beantworten, so ist auf den Sinn und Zweck der einzelnen Vorschriften des Regelungsgesetzes sowie auf dessen Gesamtaufbau einzugehen. Hieraus ergibt sich, daß gemäß § 52 Satz 1 2. Halbsatz Regelungsgesetz und § 4 der 3. DVO die Sozialrente grundsätzlich in voller Höhe anzurechnen ist (so auch das Urteil des Senats vom 10. Dezember 1957 — 3 AZR 509/55 — AP Nr. 8 zu § 63 RegelungsG). Würde man § 52 Satz 1, 2. Halbsatz Regelungsgesetz und § 4 der 3. DVO als eine Sonderregelung für die Verdrängten ansehen, so wäre die Frage der Anrechnung der Sozialrenten im Regelungsgesetz unterschiedlich geregelt. Den Verdrängten müßte nämlich die Sozialrente unter den Voraussetzungen des § 52 Satz 1, 2. Halbsatz Regelungsgesetz und des § 4 der 3. DVO in voller Höhe angerechnet werden; demgegenüber wäre bei den nach Landesrecht zu berechnenden Renten der Einheimischen die zufällig am 8. Mai 1945 geltende Landesregelung maßgebend. Das könnte dazu führen, daß bei einer entsprechenden Landesregelung, die überhaupt keine oder eine nur teilweise Anrechnung der Sozialrenten vorschreibt, die einheimischen sich gegenüber den verdrängten Arbeitnehmern günstiger stehen würden. Ein solches Ergebnis widerspräche jedoch dem Sinn des Regelungsgesetzes. Zwar hat der Gesetzgeber im Regelungsgesetz für die Verdrängten schärfere Voraussetzungen für das Erlangen von Bezügen nach dem Regelungsgesetz aufgestellt (vgl. die Ausschlußregelung des § 4 Regelungsgesetz, der, wie § 63 Abs. 1 Regelungsgesetz zeigt, nur für die Verdrängten gilt). Daß aber die Verdrängten, wenn sie einmal die Voraussetzung für Ansprüche aus dem Gesetz erfüllen, geringere Bezüge als die Einheimischen erhalten sollen, ist dem Regelungsgesetz sonst nicht zu entnehmen.

Es ist zwar nicht zu übersehen, daß eine volle Anrechnung der Sozialrenten gemäß § 4 der 3. DVO bei sonstiger Anwendung landesrechtlicher Ruhelohnvorschriften zu einer Benachteiligung der einheimischen Arbeitnehmer dann führen könnte, wenn nach Landesrecht bei der Berechnung der Versorgungsbezüge von vornherein geringere Hundertsätze vom ehemaligen Verdienst festgelegt worden sind als bei der bundesrechtlichen Berechnung. Dieses Bedenken besteht jedoch im vorliegenden Falle nicht. Die Versorgungsvereinbarung der Beklagten vom 5. Juni 1929 (§ 5) geht nämlich ebenso wie die bundesrechtliche Regelung (§ 118 Bundesbeamtengesetz) davon aus, daß die geringste Rente 35 v. H. des ruhegehaltsfähigen Einkommens beträgt und daß die Versorgungsbezüge sich mit der steigenden Anzahl der Dienstjahre auf 75 v. H. des erwähnten Einkommens erhöhen. Auch die übrigen dem Senat bekannten Ruhelohnregelungen beruhen auf dieser Grundlage, so daß also im Regelfall die Anrechnung der Sozialrenten nicht zu einem ungleichen Ergebnis führen kann. Ob in einem Falle, in dem die Ruhelohnordnung niedrigere Hundertsätze als die bundesrechtliche Regelung der Berechnung des Ruhelohns zugrunde legt und zum Ausgleich hierfür die Sozialrenten nicht anrechnet, § 52 Satz 1, 2. Halbsatz Regelungsgesetz und § 4 der 3. DVO nicht anzuwenden ist, braucht daher vorliegend nicht entschieden zu werden.

Gegen die volle Anrechnung der Sozialrenten läßt sich auch nicht einwenden, es sei unbillig, wenn eine Erhöhung der Sozialrenten bei dem vom Regelungsgesetz betroffenen Personenkreis nicht diesem, sondern dem zur Versorgung verpflichteten öffentlichen Dienstherrn zugute komme. Zwar ist es zutreffend, daß eine Rentenerhöhung zugunsten der Rentenempfänger wirken soll. Jedoch ist das Ziel der Rentenerhöhung, den betroffenen Personen einen ausreichenden Lebensunterhalt zu sichern. Ist dies aber schon durch andere öffentliche Mittel gewährleistet, so ist es durchaus vertretbar, wenn den bereits ausreichend versorgten Personen nicht noch weitere Gelder der öffentlichen Hand zugewendet werden.

Die Ansicht des Landesarbeitsgerichts, § 7 Abs. 3 des Berliner Durchführungsgesetzes zum Regelungsgesetz enthalte durch die Bezugnahme auf den Rechtszustand vom 8. Mai 1945 eine günstigere Regelung i. S. des § 63 Abs. 3 Regelungsgesetz, ist nicht zutreffend. Aus dem Wortlaut des § 7 Abs. 3 des Berliner Durchführungsgesetzes ist eindeutig zu entnehmen, daß er nur klarstellen will, welche landesrechtlichen Vorschriften i. S. des § 63 Abs. 1 Regelungsgesetz in Berlin zur Anwendung kommen sollen; für eine günstigere landesrechtliche Regelung kann aus § 7 Abs. 3 des Berliner Durchführungsgesetzes nichts entnommen werden.

Aus der Neufassung des § 52 Regelungsgesetz i. d. F. der Bekanntmachung vom 11. September 1957 (BGBl. I S. 1297), die im wesentlichen die bisherigen Bestimmungen des Gesetzes selbst und des § 4 der 3. DVO wiederholt, läßt sich nichts Gegenteiliges für die hier angenommene Auffassung entnehmen, daß die Sozialrenten bei den einheimischen Arbeitnehmern grundsätzlich anzurechnen sind.

45

1. Die Statthaftigkeit einer vom Landesarbeitsgericht zugelassenen Revision folgt allein aus ihrer Zulassung im angefochtenen Urteil (Bestätigung von BAG 3, 46).

2. Die Anwendung der in der Vergütungsordnung der TO. A enthaltenen allgemeinen (unbestimmten) Rechtsbegriffe ist bei Eingruppierungsstreitigkeiten in vollem Umfange von den Tatsachengerichten nachzuprüfen.

3. Auch dann, wenn Nr. 4 a GDO Gemeinden nicht als bloße Verwaltungsanweisung aufzufassen ist, Tätigkeiten bestimmter Vergütungsgruppen einem Angestellten erst nach Ablegung der Verwaltungsprüfung zu übertragen, verstößt es gegen Treu und Glauben, wenn der Dienstherr nicht nur vorübergehend Dienstleistungen, die den Tätigkeitsmerkmalen einer bestimmten Vergütungsgruppe entsprechen, fordert und entgegennimmt, die tarifgerechte Vergütung aber unter Berufung auf das Fehlen der Prüfung verweigert (Bestätigung von BAG AP Nr. 21 und 28 zu § 3 TO. A).

ArbGG § 69 Abs. 3 Satz 2, § 72 Abs. 1 Satz 1; TO. A § 3;
GDO Gemeinden Nr. 4 a.

IV. Senat. Urteil vom 23. 10. 1958 i. S. E. (Kl.) w. St. W. (Bekl.)
4 AZR 110/56.

I. Arbeitsgericht Wiesbaden. — II. Landesarbeitsgericht Frankfurt a. M.

Der Kläger ist seit dem Jahre 1946 als Angestellter bei der beklagten Stadtgemeinde tätig. Mit Wirkung vom 1. März 1949 wurde er von der VergGr. VIII TO. A in die VergGr. VII höhergestuft; damals war er im Wirtschaftsamt der Beklagten tätig. Seit Ende 1949 ist er im Fürsorge- und Jugendamt als Sachbearbeiter beschäftigt. Jeweils drei bis vier Sachbearbeiter sind einem Bezirksbeamten (Inspektor) unterstellt, dem sie die bearbeiteten Vorgänge unterschriftsreif vorlegen. Nach dem früheren Stellenplan waren in der Arbeitsgruppe des Klägers vier Angestelltenstellen vorhanden, nämlich je eine nach TO. A Gruppe VI b und VIII und zwei nach Gruppe VII. Alle Sachbearbeiter verrichteten aber im wesentlichen die gleiche Arbeit. Im Juli 1955 wurde ein Organisationsplan für die Beklagte aufgestellt und angeordnet, daß die schwierigeren Fürsorgefälle zukünftig allein von den nach Gruppe VI b TO. A bezahlten Angestellten zu bearbeiten seien.

Der Kläger ist der Ansicht, daß er nach der Organisationsänderung ebenso wie schon vorher die Tätigkeitsmerkmale der VergGr. VI b TO. A erfülle. Er begehrt daher die Feststellung, daß die Beklagte verpflichtet sei, ihn ab 1. August 1954 nach der VergGr. VI b TO. A zu besolden.

Die Beklagte hält das Klagbegehren nicht für gerechtfertigt, da der Kläger seine Arbeiten größtenteils formularmäßig erledige und keine selbständigen Leistungen erbringe. Auch habe er nicht die vorgeschriebene Verwaltungsprüfung abgelegt und könne schon aus diesem Grunde nicht höhergruppiert werden.

Arbeitsgericht und Landesarbeitsgericht haben die Klage abgewiesen. Die Revision des Klägers führte zur Aufhebung und Zurückverweisung.

Aus den Gründen:

Die Revision ist an sich statthaft. Das Landesarbeitsgericht hat zwar die Revision wegen Divergenz zu den in der Entscheidung BAG 1, 250 niedergelegten Rechtsgrundsätzen über die Notwendigkeit der Verwaltungsprüfung zugelassen, obwohl das angefochtene Urteil letzthin ausdrücklich die Frage der Geltung der Nr. 4 a der GDO Gemeinden offen läßt, weil seiner Ansicht nach die Berufung der Beklagten auf diese Vorschrift jedenfalls zur Zeit gegen Treu und Glauben verstoße. Ob eine Abweichung in einem Rechtssatz vorliegt und ob das angefochtene Urteil auf ihr beruht, ist aber für die Statthaftigkeit der Revision grundsätzlich ohne Bedeutung. Denn die Statthaftigkeit der Revision folgt allein aus ihrer Zulassung durch das Landesarbeitsgericht im angefochtenen Urteil (§ 72 Abs. 1 Satz 1 ArbGG; BAG 3, 46).

Das angefochtene Urteil geht bei der Nachprüfung der Eingruppierung des Klägers davon aus, die Tätigkeitsmerkmale der Anlage 1 zur TO. A, insbesondere auch diejenigen der vom Kläger beanspruchten VergGr. VI b, könnten nicht von Ermessensvorstellungen gelöst werden. Sie seien sehr allgemein gehalten und teilweise veraltet, so daß die Eingruppierung mehr und mehr zu einer Billigkeitsentscheidung geworden sei. Die Gerichte dürften aber nicht einfach ihr Ermessen an die Stelle des Ermessens der Behörde setzen. Eingruppierungen, bei denen unter vernünftigen Menschen verschiedene Meinungen möglich seien, unterlägen daher nicht der richterlichen Korrektur, sondern nur Fälle des Ermessensmißbrauchs und des Ermessensfehlgebrauchs.

Diese Ansicht des Landesarbeitsgerichts ist rechtsirrig. Der Angestellte im öffentlichen Dienst hat nach der TO. A einen unabdingbaren Anspruch auf Einreihung in die zutreffende Vergütungsgruppe; die Entscheidung des öffentlichen Arbeitgebers wirkt nicht konstitutiv, sondern nur deklaratorisch (vgl. BAG 1, 85; 4, 152; 4, 340; 5, 27; AP Nr. 8, 9, 30 zu § 3 TO. A). Das Bundesarbeitsgericht hat zwar — wie das angefochtene Urteil zutreffend ausführt — in seiner ersten grundlegenden Entscheidung (BAG 1, 85) zwischen Tätigkeitsmerkmalen mit Ermessensvorstellungen und solchen Tätigkeitsmerkmalen unterschieden, die allgemeine (unbestimmte) Rechtsbegriffe darstellen und daher nicht nur im Rahmen des § 315 BGB, sondern in vollem Umfange von den Tatsachengerichten auf ihre richtige Anwendung durch den Arbeitgeber nachzuprüfen sind. Es bedarf hier aber keiner Erörterung, inwieweit die in BAG 1, 85 gemachte Unterscheidung zwischen Tätigkeitsmerkmalen als unbestimmten Rechtsbegriffen und Tätigkeitsmerkmalen, die Ermessensvorstellungen enthalten, im einzelnen durch die spätere Rechtssprechung überholt ist. Denn jedenfalls handelt es sich bei den Tätigkeitsmerkmalen der ersten Fallgruppe der VergGr. VII und VI b (Angestellte im Bürodienst usw.) nach der ständigen Rechtsprechung des Bundesarbeitsgerichts um allgemeine (unbestimmte) Rechtsbegriffe, deren Anwendung auf den konkreten Sachverhalt daher in vollem Umfang der gerichtlichen Nachprüfung unterliegt (vgl. — insbesondere auch zu den Tätigkeitsmerkmalen der VergGr. VI b TO. A — AP Nr. 7, 15, 29 zu § 3 TO. A; BAG 5, 27). Der Senat sieht keinen Anlaß, von der bisherigen Rechtsprechung abzugehen. Es ist dem Landesarbeitsgericht zuzugeben, daß es oft schwierig ist, die Tätigkeitsmerkmale der einzelnen Vergütungsgruppen gegeneinander abzugrenzen. Dieser Umstand kann aber den Richter nicht davon entbinden, den Sachverhalt genau aufzuklären und ihn dann im Rahmen der Tätigkeitsmerkmale der erstrebten Vergütungsgruppe zu würdigen.

Da aber das Berufungsgericht es bei der Feststellung des Sachverhalts und der Nachprüfung der Eingruppierung irrig lediglich darauf abgestellt hat, ob die von der Beklagten vorgenommene Einstufung eine auf „Ermessensfehlgebrauch" beruhende Unbilligkeit darstellt, fehlt es an hinreichenden tatsächlichen Feststellungen, die eine Entscheidung darüber ermöglichen, ob und evtl. seit wann der Kläger die Tätigkeitsmerkmale der von ihm begehrten VergGr. VI b TO. A erfüllt. Deshalb mußte das angefochtene Urteil aufgehoben und zur anderweiten Verhandlung und Entscheidung an das Berufungsgericht zurückverwiesen werden.

Denn das klageabweisende Urteil war im Ergebnis auch nicht etwa deshalb zu bestätigen, weil der Kläger keine Verwaltungsprüfung abgelegt hat. Dem Landesarbeitsgericht ist darin beizupflichten, daß der Kläger — falls er die Tätigkeitsmerkmale der Verg.Gr. VI b erfüllt — des Anspruchs auf die entsprechende Vergütung nicht deshalb verlustig geht, weil er die nach Nr. 4 a GDO Gemeinden vorgesehene Verwaltungsprüfung nicht abgelegt hat. Es bedarf hier keiner Auseinandersetzung mit der Meinung des angefochtenen Urteils, diese Bestimmungen seien auf Grund der Runderlasse des Reichsministers des Innern vom 1. September 1939 und 19. März 1941 nach wie vor suspendiert, da ihre einseitige Wiederinkraftsetzung durch den öffentlichen Arbeitgeber nach dem heutigen System der sozialen Selbstverwaltung nicht möglich sei. Es kann weiter — wie in der Entscheidung BAG in AP Nr. 21 zu § 3 TO. A — auch hier dahinstehen, ob es sich nicht bei der Vorschrift der Nr. 4 a GDO Gemeinden nur um eine Verwaltungsanweisung an die einstufende Behörde handelt, eine Tätigkeit mit den Merkmalen bestimmter Vergütungsgruppen nur solchen Angestellten zuzuweisen, die ihre vielseitige Verwendbarkeit durch die Ablegung einer Prüfung nachgewiesen haben. Denn jedenfalls wird das Absehen von dem Prüfungserfordernis, das — anders als etwa bei der VergGr. III TO. A die abgeschlossene Hochschulbildung — kein weiteres zu erfüllendes Tätigkeitsmerkmal bildet, durch die weitere Erwägung des angefochtenen Urteils getragen, die Berufung der Beklagten auf das Prüfungserfordernis verstoße gegen Treu und Glauben. Nach dem unstreitigen Sachverhalt ist der Kläger seit Ende 1949 unverändert als Sachbearbeiter im Fürsorge- und Jugendamt der Beklagten tätig. Die Beklagte hat bisher seit dem Zusammenbruch die Einstufung und Höhergruppierung von Angestellten nicht von der Ablegung einer Prüfung abhängig gemacht. Wenn das angefochtene Urteil aus diesem Verhalten der beklagten Stadtgemeinde den Schluß zieht, sie setze sich mit ihrem eigenen früheren Verhalten in Widerspruch, wenn sie nunmehr plötzlich für eine Höhergruppierung die vorherige Ablegung einer Verwaltungsprüfung verlange, Treu und Glauben erforderten es vielmehr, daß den Angestellten zwei bis drei Jahre Zeit zur Ablegung der Prüfung eingeräumt würden, so ist diese Ansicht aus Rechtsgründen nicht zu beanstanden. Sie steht im Ergebnis in Übereinstimmung mit den Entscheidungen des erkennenden Senats (AP Nr. 21 und 28 zu § 3 TO. A). Danach liegt schon ein Verstoß gegen Treu und Glauben vor, wenn der Dienstherr dauernd, d. h. nicht nur vorübergehend, von einem Angestellten Dienstleistungen fordert und entgegennimmt, die den Tätigkeitsmerkmalen einer bestimmten Vergütungsgruppe entsprechen, gleichzeitig aber die Vergütung dieser Gruppe nur deshalb nicht gewähren will, weil der Angestellte die vorgeschriebene Prüfung nicht abgelegt hat. Hier verlangt der Kläger erst ab 1. August 1954 Vergütung nach TO. A VergGr. VI b. Bis zu diesem Zeitpunkt war er bereits fast 5 Jahre Sachbearbeiter in der Fürsorge- und Jugendabteilung. Einwendungen gegen seine Leistungen hat die Beklagte nicht erhoben. Das Landesarbeitsgericht hat daher zu Recht das Fehlen der Prüfung für unerheblich gehalten.

46

1. Die Partei, die zulässigerweise einen Schadenersatzanspruch im Wege der positiven Feststellungsklage geltend gemacht hat, ist dann, wenn der Schaden später im Laufe des Rechtsstreits beziffert werden kann, nicht zum Übergang zur Leistungsklage verpflichtet.

2. Eine Schlichtungsvereinbarung zwischen tariffähigen Parteien, die auch Bestimmungen über Friedenspflicht und Arbeitskämpfe, aber keine normativen Bestimmungen enthält, ist als Tarifvertrag anzusehen.

3. Die schuldrechtlichen Vorschriften eines Tarifvertrages, insbesondere seine Bestimmungen über die Friedenspflicht, enthalten zugleich einen Vertrag zugunsten Dritter, nämlich zugunsten der Mitglieder der Vertragsparteien. Aus der schuldhaften Verletzung der Friedenspflicht können daher den Mitgliedern unmittelbar Schadenersatzansprüche erwachsen.

4. Die IG Metall für die Bundesrepublik Deutschland hat die Schlichtungsvereinbarung vom 14. Juni 1955 (RdA 1955, S. 302) einmal für sich im eigenen Namen, zugleich aber für ihre Bezirke abgeschlossen, so daß auch die Bezirke Vertragspartner der Vereinbarung geworden sind.

5. Aus § 1 der Schlichtungsvereinbarung ergibt sich eine Rechtspflicht beider Tarifpartner, bei dem Neuabschluß, der Verlängerung, der Änderung oder der Ergänzung eines Tarifvertrages vorerst freie Verhandlungen zwischen den Tarifparteien durchzuführen. Keiner der Partner durfte nach § 1 Kampfmaßnahmen einleiten, bevor der Versuch der Einigung in freien Verhandlungen gemacht, aber gescheitert war.

6. Die Vorschrift des § 6 Abs. 2 Halbsatz 2 der Schlichtungsvereinbarung hat selbständige Bedeutung; sie setzt nicht voraus, daß ein Schlichtungsverfahren anhängig gemacht wird. Wenn „Beschlüsse über

Durchführung von Kampfmaßnahmen erst fünf Tage nach dem Scheitern der Verhandlung gefaßt werden dürfen", so heißt das: sie dürfen nicht vorher gefaßt werden, also weder vor dem Ablauf der mit dem Scheitern der Verhandlungen beginnenden Frist von fünf Tagen noch — erst recht nicht — vor dem Scheitern der Verhandlungen. § 6 bestätigt also die in Leitsatz 5 gegebene Auslegung des § 1 Abs. 1 über die Friedenspflicht vor dem Scheitern der freien Verhandlungen und begründet eine Friedenspflicht in der Fünf-Tagefrist nach dem Scheitern der Verhandlungen.

7. Im Hinblick auf die vielfach bestehenden Zweifel darüber, wann freie Verhandlungen über einen Tarifvertrag gescheitert sind, und angesichts der Bedeutung der Fixierung dieses Zeitpunkts im Gefüge der Schlichtungsvereinbarung muß im Interesse beider Parteien und im Interesse der Rechtssicherheit die Vorschrift des § 3 Abs. 2 über das Scheitern der Verhandlungen ernst genommen und streng ausgelegt werden. Die Verhandlungen sind danach nur dann gescheitert, wenn eine Vertragspartei dies der anderen Vertragspartei eindeutig erklärt oder eine Vertragspartei es eindeutig ablehnt, weiter zu verhandeln.

8. Als Kampfmaßnahmen sind — jedenfalls im Hinblick auf die Friedenspflicht — alle Maßnahmen anzusehen, die den Verhandlungspartner bewußt und gewollt unter den unmittelbaren Druck eingeleiteter Arbeitskämpfe setzen und damit seine Entschließungsfreiheit beeinträchtigen sollen. Das gilt auch für die eingeleiteten, die jederzeit mögliche unmittelbare Auslösung des Arbeitskampfes sich zum Ziel setzenden Maßnahmen. Darunter fällt der verlautbarte oder jedenfalls der Kampfpartei als verlautbart zuzurechnende Beschluß über die Streikurabstimmung, mit dem den Mitgliedern empfohlen wird, durch eine Urabstimmung sich für den Streik zu entschließen.

9. Selbst wenn der Satz 3 des Leitsatzes 8 nicht zuträfe, so ist in der Metall-Schlichtungsvereinbarung der Begriff „Beschlüsse" in § 6 Abs. 2 Halbsatz 2 die Zusammenfassung der in § 6 Abs. 2 Halbsatz 1 erwähnten Beschlüsse. In § 6 Abs. 2 Halbsatz 1 werden aber der Beschluß über die Abstimmung zwecks Durchführung von Kampfmaßnahmen, der Beschluß über Kampfmaßnahmen selbst und ihr Beginn („im Gange sind") ausdrücklich einander gleichgestellt. Damit bezeichnet die Schlichtungsvereinbarung selbst den Beschluß über die Urabstimmung zur Durchführung einer Kampfmaßnahme als eine vor dem Scheitern der freien Verhandlungen und innerhalb der Fünf-Tagefrist nach dem Scheitern unzulässige Kampfhandlung.

10. Die von der Großen Tarifkommission und dem Vorstand des Bezirks beschlossene Streikurabstimmung ist nach der amtlichen Erläute-

rung der IG Metall Abs. 4 zu § 13 Ziff. 4 der Satzung keine unverbindliche „Empfehlung", kein „Vorschlag", keine bloße „Meinungsäußerung", vielmehr ein echter Beschluß, eine Entscheidung, die nicht der Zustimmung der Zentrale der IG Metall bedurfte.

11. Die Entscheidung des Senats setzt das Koalitionsrecht der Gewerkschaften nach Art. 9 Abs. 3 GG ebenso voraus wie die Streikfreiheit. Der Senat vertritt mit dem Großen Senat des Bundesarbeitsgerichts in ständiger Rechtsprechung die Auffassung, daß der gewerkschaftliche sozialadäquate Streik legitim ist und die Rechtmäßigkeit des Handelns der einzelnen Arbeitnehmer, die sich am Streik beteiligen, begründet. Es ist jedoch völlig unbestritten und unbestreitbar, daß das Streikrecht durch vertragliche Bindungen begrenzt und beschränkt werden kann. Steht somit allein die Frage der Einhaltung freiwillig übernommener tariflicher Verpflichtungen und der Auslegung eines tariflichen Schlichtungsabkommens in Rede, so gelten die Grundsätze der Vertragsfreiheit und der Vertragstreue. Sie gehören zu den Grundlagen des freiheitlichen und sozialen Rechtsstaates (Art. 20, 28 GG) und stehen zur Streikfreiheit in keinerlei Widerspruch.

12. Die Wort- und sinngetreue Auslegung der Schlichtungsvereinbarung, die der Senat vornimmt, macht den Gewerkschaften die nach ihrem demokratischen Aufbau notwendige interne Willensbildung durch Befragung der Mitglieder nicht unmöglich. Sie behindert weder das Recht der freien Meinungsäußerung im Rahmen der allgemeinen Gesetze, noch schafft sie Ungleichheit, noch verletzt sie den Grundsatz der Kampfparität, weil es etwa bei den Arbeitgeberverbänden viel einfacher sei, den Willen der Mitglieder zu ermitteln. So ist die in Erl. Abs. 3 vor Ziff. 1 des § 13 der Satzung ausdrücklich vorgesehene Abstimmung über Annahme oder Ablehnung eines Verhandlungsergebnisses ohne Streikabstimmung jederzeit zulässig. Will die Gewerkschaft die Streikurabstimmung des Abs. 4 der Erl. zu Ziff. 4 des § 13 der Satzung beschließen, so wird von ihr nur gefordert, daß sie diesen Beschluß nicht während der Dauer der von ihr frei vereinbarten Friedenspflicht verlautbart oder seine Verlautbarung duldet.

13. Wer einen tarifwidrigen Arbeitskampf beginnt, kann sich zum Ausschluß seines Verschuldens nicht ohne weiteres darauf berufen, daß er die Rechtslage unrichtig beurteilt hätte. Ein solcher Rechtsirrtum ist in der Regel vermeidbar. Pflicht der Tarifpartner ist es, im Hinblick auf die Folgen des Streiks sorgfältig zu prüfen, ob ihr Verhalten mit den Regeln eines Tarifvertrages und mit der Rechtsordnung vereinbar ist. Eine sorgfältige Prüfung in dieser Hinsicht setzt ein Abwägen des Für

und Wider voraus. Wer einen Arbeitskampf entfesselt, muß damit rechnen, daß die von ihm vertretene Rechtsauffassung nicht zutrifft. Wird er gleichwohl aktiv, so muß er das Risiko tragen. Das gilt vor allem dann, wenn er durch eine ausdrückliche Erklärung seines Tarifpartners darauf hingewiesen ist, daß sein beabsichtigtes Verhalten tarifwidrig ist und die Gegenseite sich alle Schadensersatzansprüche vorbehält.

14. Nach dem Prinzip des adäquaten Kausalzusammenhangs im Schadenersatzrecht ist der tarifwidrige Streikurabstimmungsbeschluß adäquate Mitursache des entstandenen Schadens. Der tarifwidrige Beschluß und die tarifwidrige Veranstaltung der Urabstimmung waren keine gleichgültigen, rechtlich bedeutungslosen Vorbedingungen gegenüber dem Streikbefehl, sondern unbedingt notwendige, adäquat gesetzte Ursachen des Schadens.

15. Ist in einer Schlichtungsvereinbarung klar erkennbar ein Unterbleiben der Einleitung von Arbeitskämpfen für eine bestimmte Zeit vereinbart, so ist nach dem Sinn des Vertrages die Unzulässigkeit des gegen diese Friedenspflicht eingeleiteten Arbeitskampfes eine definitive, keine bloß vorübergehende. Daher ist und bleibt der einmal unzulässig eingeleitete Kampf unzulässig, so daß seine weitere Durchführung auch nach Ablauf der Frist gegen die Friedenspflicht verstieß.

16. Der Grundsatz 15 gilt jedenfalls im Hinblick auf § 6 Abs. 2 der Schlichtungsvereinbarung Metall. Die Einleitung des Arbeitskampfes durch Anordnung der Streikurabstimmung vor dem Scheitern der Verhandlungen und vor dem Ablauf der Fünf-Tagefrist war nicht nur selbst tarifwidrig und daher unzulässig, sondern machte auch die folgenden Handlungen des Arbeitskampfes unzulässig. Der Abstimmungbeschluß durfte nicht durchgeführt werden, und der Streikbefehl auf Grund der unzulässigen Abstimmung durfte nicht ergehen. Daher sind auch der Streikbefehl und die Streikdurchführung selbst tarifwidrig und somit unzulässig.

17. Danach ist es nicht zutreffend, den insgesamt entstandenen Schaden in einen solchen Schaden, der vor Beendigung der Friedenspflicht, und einen solchen, der nach deren Beendigung eingetreten ist, zu teilen. Der Geschädigte hat vielmehr einen Anspruch auf Schadenersatz nicht nur insoweit, als der Schaden gerade auf die Vorzeitigkeit der Einleitung von Kampfmaßnahmen zurückzuführen ist, er hat vielmehr einen Anspruch auf Ersatz des Schadens schlechthin, da der Streik eine einheitliche Handlung ist und deshalb auch hinsichtlich seiner Folgen nur einheitlich gewürdigt werden kann.

18. Wer unter Verletzung einer tariflichen Friedenspflicht eine Arbeitskampfmaßnahme ergreift, kann sich nicht darauf berufen, daß der Arbeitskampf auch ohne diese Verletzung in jedem Fall durchgeführt worden wäre, wenn sein Beginn vielleicht auch um eine geringe Zeit hinausgezögert worden wäre. Im Arbeitskampfrecht würden Vereinbarungen über eine Friedenspflicht illusorisch sein, wenn man sich zur Berücksichtigung eines möglichen anderen, und zwar dann zulässigen Streiks als Reserveursache herbeiließe.

BGB §§ 254, 276, 278, 326, 427; ZPO §§ 253, 256, 287, 550, 563; GG Art. 9; TVG § 1 Friedenspflicht; Schlichtungsvereinbarung Metall vom 14. 6. 1955 (RdA 1955 S. 302)

I. Senat. Urteil vom 31. 10. 1958 i. S. 1. IG M. f. d. B. u. a. (Bekl.) w. 1. A. d. M., 2. V. d. E. u. M. (Kl.).
1 AZR 632/57.

I. Arbeitsgericht Hamburg. — II. Landesarbeitsgericht Hamburg

Die Kläger und die Beklagte zu 1) hatten die Schlichtungsvereinbarung vom 14. Juni 1955 (RdA 1955, S. 302 = „Der Gewerkschafter" 1955, Heft 6/7 S. 40) abgeschlossen. Diese auch heute noch geltende Vereinbarung hat folgenden Wortlaut:

„§ 1 (1) Zur Hilfeleistung beim Abschluß (Verlängerung, Änderung, Ergänzung) von Tarifverträgen vereinbaren die Vertragsparteien ein Schlichtungsverfahren, das zur Anwendung kommen soll, wenn die vorerst durchzuführenden freien Verhandlungen zwischen den Tarifparteien zu keiner Verständigung geführt haben.
(2) Zur Durchführung des Schlichtungsverfahrens werden Schlichtungsstellen errichtet. Diese haben den Vorrang vor gesetzlichen Schlichtungseinrichtungen.

§ 2 (1) Die Schlichtungsstelle setzt sich aus einem unparteiischen, stimmberechtigten Vorsitzenden und je zwei oder mehreren Beisitzern zusammen.
(2) Für die Auswahl des unparteiischen Vorsitzenden haben die Vertragsparteien bereits bei Abschluß dieser Schlichtungsvereinbarung gemeinschaftlich mindestens zwei geeignete Persönlichkeiten zu bestimmen.
Werden sich die Parteien über die Auswahl des unparteiischen Vorsitzenden für das einzelne Verfahren nicht einig, so entscheidet das Los.
(3) Jede Partei dieses Vertrages benennt innerhalb eines Monats nach Abschluß dieser Vereinbarung ihre Beisitzer. Sie bestimmt

einen davon als Obmann. Es soll möglichst die doppelte Anzahl von Beisitzern benannt werden. Die Vertragsparteien bestimmen im Einzelfall, welche Beisitzer in der Schlichtungsstelle mitwirken.

§ 3 (1) Die Schlichtungsstelle wird auf Anrufung einer Vertragspartei tätig. Die Anrufung erfolgt beim Obmann der anrufenden Vertragspartei und dem Obmann der Gegenseite. Dies gilt auch dann, wenn die Verhandlungen vor Ablauf der Kündigungsfrist eines bestehenden Vertrages gescheitert sind. Die Obmänner sind nach Eingang der Anrufung verpflichtet, unverzüglich die erforderlichen Maßnahmen zur Durchführung des Schlichtungsverfahrens zu treffen.

(2) Die Verhandlungen gelten als gescheitert, wenn eine Vertragspartei dies der anderen Vertragspartei gegenüber erklärt oder eine Vertragspartei es ablehnt, weiter zu verhandeln.

(3) Die Vertragsparteien sind verpflichtet, sich auf das Schlichtungsverfahren einzulassen.

§ 4 (1) Die Schlichtungsstelle hat innerhalb einer Frist von 3 Werktagen nach Eingang der Anrufung bei den Obmännern zusammenzutreten und den Parteien innerhalb einer Frist von 7 Tagen einen Einigungsvorschlag zu unterbreiten. Die Vertragsparteien können diese Fristen für den Einzelfall im gegenseitigen Einvernehmen verkürzen oder verlängern. In besonderen Fällen kann die Entscheidungsfrist von 7 Tagen durch einstimmigen Beschluß der Schlichtungsstelle um höchstens 3 Tage verlängert werden.

(2) Die Verhandlungen der Schlichtungsstelle werden von dem Vorsitzenden geleitet (§ 2 Abs. 2).

(3) Die Verhandlungen der Schlichtungsstelle sind nicht öffentlich.

(4) Beschlüsse der Schlichtungsstelle werden mit einfacher Mehrheit gefaßt. Kein Mitglied der Schlichtungsstelle darf sich der Stimme enthalten.

(5) Die Schlichtungsstelle ist auch dann zur Beschlußfassung berechtigt, wenn die Beisitzer einer Vertragspartei trotz ordnungsmäßiger Ladung ohne zwingenden Grund der Sitzung fernbleiben.

§ 5 (1) Die Schlichtungsstelle hat durch Anhörung der Parteien oder ihrer Vertreter die Streitpunkte und die für ihre Beurteilung wesentlichen Verhältnisse klarzustellen. Soweit sie es für erforderlich hält, kann sie Auskünfte einholen, den Parteien die Beibringung von Unterlagen aufgeben sowie Auskunftspersonen und Sachverständige hören.

(2) Die Schlichtungsstelle hat in jedem Stadium des Verfahrens zu versuchen, eine Einigung der Pareien herbeizuführen. Kommt eine Einigung zustande, so ist sie in ihrem Wortlaut niederzuschreiben und von den Parteien zu unterzeichnen.

(3) Kommt eine Einigung nicht zustande, so hat die Schlichtungsstelle den Parteien ihrerseits einen Einigungsvorschlag nach Maßgabe der Verfahrensvorschriften des § 4 Abs. 4 zu unterbreiten. Der Einigungsvorschlag soll sich auf alle zwischen den Parteien strittigen Fragen erstrecken.

(4) Der Vorschlag ist vor der Verkündung schriftlich abzufassen. Er ist von dem Vorsitzenden und den beiden Obmännern zu unterzeichnen. Den Parteien ist bei der Verkündung eine Abschrift des Vorschlages auszuhändigen und zur Annahme oder Ablehnung des Vorschlages eine Frist zu setzen, die eine Woche nicht überschreiten darf.

(5) Die Erklärung über Annahme oder Ablehnung ist von jeder Partei gegenüber der anderen Partei und der Schlichtungsstelle abzugeben. Nichtabgabe einer Erklärung innerhalb der gesetzten Frist bedeutet Ablehnung.

(6) Die Annahme des Vorschlages durch beide Parteien hat die Wirkung einer Gesamtvereinbarung.

(7) Die Parteien können auch eine Vereinbarung treffen, wonach sie den Vorschlag der Schlichtungsstelle im voraus annehmen.

§ 6 (1) Kampfmaßnahmen, die dem Zweck des § 1 entgegenstehen, sind während des Schlichtungsverfahrens zu unterlassen (Friedenspflicht). Kampfmaßnahmen dürfen erst ergriffen werden, wenn das Schlichtungsverfahren gescheitert ist. Das Schlichtungsverfahren gilt als gescheitert, wenn die Schlichtungsstelle nicht innerhalb der Fristen nach § 4 Abs. 1 einen Einigungsvorschlag unterbreitet, oder der Einigungsvorschlag abgelehnt ist (§ 5 Abs. 5).

(2) Wird die Schlichtungsstelle erst angerufen, nachdem entweder die Abstimmung zwecks Durchführung von Kampfmaßnahmen oder Kampfmaßnahmen selbst beschlossen worden oder schon im Gange sind, so findet Absatz 1 Satz 1 und 2 keine Anwendung, jedoch dürfen Beschlüsse über Durchführung von Kampfmaßnahmen erst 5 Tage nach dem Scheitern der Verhandlung gefaßt werden.

§ 7 (1) Die Kosten des Schlichtungsverfahrens trägt jede Partei zur Hälfte.

(2) Die Entschädigung der Beisitzer trägt die sie bestellende Partei; ebenso trägt jede Partei die Kosten der von ihr geladenen Auskunftspersonen und Sachverständigen.

§ 8 Diese Vereinbarung tritt am 1. Juli 1955 in Kraft und gilt bis zum 30. Juni 1956.

Sie verlängert sich um jeweils ein Jahr, wenn sie nicht drei Monate vor Ablauf gekündigt wird."

Zwischen den Klägern und der Beklagten zu 2) bestand der Rahmentarifvertrag für die Metallindustrie Schleswig-Holsteins, gültig ab 1. Oktober 1953. Diesen Rahmentarifvertrag kündigte die Beklagte zu 2) am 30. September 1955 fristgemäß zum 31. Dezember 1955 durch folgendes Telegramm:

„Den mit Ihnen unterm 22. Febr. 1954, gültig ab 1. Okt. 1953 abgeschlossenen Rahmentarifvertrag für die Metallindustrie in Schleswig-Holstein kündigen wir hiermit frist- und ordnungsgemäß.

Wir bitten, den telegraphischen Weg zu entschuldigen und werden Ihnen in den nächsten Tagen unsere Begründung überreichen. Um Bestätigung dieser Kündigung bitten wir."

Am 21. April 1956 schrieb die Beklagte zu 2) an den Kläger zu 1):

„Entsprechend unserer Ankündigung in unserem Kündigungstelegramm vom 30. 9. 1955 übersenden wir Ihnen in der Anlage den Entwurf zum Rahmentarifvertrag für die Metallindustrie in Schleswig-Holstein. Die Anlagen III und IV reichen wir Ihnen in den nächsten Tagen nach.

Wir hoffen, daß wir baldmöglichst mit Ihnen zu Verhandlungen über den Entwurf kommen..."

Ein weiteres Schreiben der Beklagten zu 2) an den Kläger zu 1) vom 11. Juni 1956 lautete:

„In der Anlage überreichen wir Ihnen Anhang IV zum Rahmentarifvertrag für die Metallindustrie Schleswig-Holstein und bitten nochmals um Entschuldigung, daß die Übersendung dieses Anhanges erst heute möglich war."

Diesen Schreiben lag der Entwurf zu einem neuen Rahmentarifvertrag bei. Dieser Entwurf enthielt u. a. Vorschläge über die Lohnfortzahlung für Arbeiter bei Krankheit und Unfall für sechs Wochen, über einen längeren Urlaub und über ein zusätzliches Urlaubsgeld (die sogenannten drei Kernforderungen der Beklagten).

Die Besprechungen über das neue Tarifvertragswerk begannen am 28. Juli 1956. Am 9. August 1956 richteten die Kläger an die Beklagte zu 2) folgendes Schreiben:

„In der Besprechung im Fissauer Fährhaus am 28. Juli 1956 hatten wir Ihnen die Übermittlung eines neuen weiteren Verhandlungstermins bis zum 11. August zugesagt.

Inzwischen hat die Schleswig-Holsteinische Volkszeitung am 6. 8. 56 folgende Notiz über unsere Verhandlungen gebracht:

„Große Tarifkommission der IG Metall tagt in Kiel. Hamburg (Ino). Die Große Tarifkommission der IG Metall im Bezirk Nordmark tritt am Mittwoch in Kiel zusammen. Sie will über gewerkschaftliche Maßnahmen beraten, nachdem Verhandlungen mit den Arbeitgeberverbänden der Metallindustrie in Schleswig-Holstein über einen neuen Rahmentarif ergebnislos verlaufen sind und ein neuer Verhandlungstermin noch nicht genannt wurde. Die IG Metall fordert die Fortzahlung der Löhne im Krankheitsfall und Urlaubsgeld."

Diese Notiz, die nur auf einer gewerkschaftlichen Information beruhen kann, ist offensichtlich unrichtig und daher irreführend für Ihre wie für unsere Mitglieder. Sie stellt außerdem eine in diesem Stadium der Verhandlungen durchaus unangebrachte Drohung dar. Zur Richtigstellung halten wir fest:

1. Ihre Verhandlungen mit uns über einen neuen Rahmentarif sind bisher keineswegs ergebnislos verlaufen. Ihre Hauptforderung: „Verkürzung der Arbeitszeit mit vollem Lohnausgleich" ist nach langwierigen Verhandlungen vor wenigen Wochen erfüllt worden und wird ab 1. Oktober 1956 in unseren Betrieben durchgeführt.
2. Die Nennung eines neuen Verhandlungstermins war zwischen uns bis zum 11. August vereinbart worden. Die Tatsache, daß dieser Termin am 6. August noch nicht bekanntgegeben war, konnte also keineswegs Veranlassung sein, Ihre große Tarifkommission zu einer Beratung über „gewerkschaftliche Maßnahmen" auf den 8. August nach Kiel einzuberufen und eine derartige Pressenotiz herauszugeben.

Wenn Sie glauben, den Fortgang der Verhandlungen durch derartige Drohungen beeinflussen zu können, so befinden Sie sich in einem Irrtum. Wir müssen Ihnen vielmehr mitteilen, daß wir zur Fortführung unserer laufenden Rahmentarif-Verhandlungen nur bereit sind, wenn Sie die selbstverständliche Voraussetzung jeder gemeinsamen Verhandlung, nämlich die Bereitschaft zu einer sachlichen und ruhigen Erörterung der anstehenden Probleme, ohne Druck und Drohungen erfüllen.

Wir wundern uns sehr, daß Sie nach einer Periode jahrelanger guter Zusammenarbeit im augenblicklichen Zeitpunkt, in dem eine der größten Forderungen der Gewerkschaft — die Verkürzung der Arbeitszeit ohne Lohnausfall — von uns zugestanden worden ist und ihrer Verwirklichung entgegengeht, eine derartige Haltung einnehmen und hoffen sehr, daß es Ihnen möglich sein wird, bei ruhiger Betrachtung der Lage Ihre Haltung zu berichtigen und wieder zu der alten Basis einer vernünftigen Zusammenarbeit zurückzukehren.

Wir halten es für zweckmäßig, am Freitag, dem 17. August um 16 Uhr im Kurhaus von Bad Segeberg in einem kleinen Gremium von je zwei Vertretern unserer beiden Verbände und einer gleichen Anzahl von Vertretern Ihrer Gewerkschaft — also insgesamt 8 Herren — zusammenzukommen, um uns hierüber auszusprechen.

Im übrigen schlagen wir Ihnen als neuen Verhandlungstermin für den Rahmentarifvertrag

Donnerstag, den 23. August 1956 um 10 Uhr,
in Rendsburg, „Conventgarten", oberer Saal,

vor.

Als Verhandlungsthemen schlagen wir die Fragen der Entlohnung, Akkordarbeit, Tätigkeitsgruppen, Wochenlohn und Erschwerniszuschläge vor. Vorgesehen sind je drei Vertreter unserer Verbände und sechs Herren Ihrer Gewerkschaft — insgesamt also 12 Herren —.

Wir bitten um umgehende Nachricht an unsere Verbandsbüros, ob Sie an den genannten Terminen verhandlungsbereit und mit der vorgesehenen Besetzung einverstanden sind."

Hierauf erwiderte die Beklagte zu 2) unter dem 11. August 1956 wie folgt:

„Im Besitz Ihres Briefes vom 9. August 1956 teilen wir Ihnen mit, daß wir mit den vorgeschlagenen Verhandlungsterminen einverstanden sind.

Wir können allerdings nicht einsehen, warum am 23. August nur über den Abschnitt „Entlohnung" unseres Rahmentarifvertrags-Entwurfes verhandelt werden soll. Obwohl Sie bisher unseren Vorschlag, eine „Technische Kommission" zur Durcharbeitung all dieser

Fragen einzusetzen, nicht bestätigt haben, nehmen wir an, daß am 23. August diese sogenannte „Technische Kommission" zusammentreten soll. Wir sind der Meinung, daß die Arbeiten dieser „Technischen Kommission" parallel mit den Verhandlungen über den übrigen Teil des Rahmentarifvertrages laufen sollten.

Aus diesem Grunde schlagen wir vor, daß wir am 23. August 1956 grundsätzlich mit der Verhandlung um den Rahmentarifvertrag beginnen und uns nicht auf die von Ihnen vorgeschlagenen Verhandlungsthemen beschränken und bitten Sie gleichzeitig, uns einen Termin für eine Zusammenkunft der „Technischen Kommission" vorzuschlagen.

Mit der vorgeschlagenen Besetzung bei den Verhandlungen sind wir einverstanden."

Nachdem u. a. am 17. August und 28. September 1956 weitere Verhandlungen stattgefunden hatten, auch Kommissionen zur Erörterung der Fragen gebildet worden waren, die inzwischen tagten, beschloß die Große Tarifkommission der Beklagten zu 2) am 29. September 1956 einstimmig, das inzwischen gemachte Angebot der Arbeitgeber abzulehnen und die Mitglieder in einer Urabstimmung über die Angebote der Arbeitgeberseite zu den vorbezeichneten drei Punkten, nämlich dem Lohnausgleich bei Krankheit und Unfall, dem zusätzlichen Urlaubsgeld und dem längeren Urlaub, zu befragen, und zwar verbunden mit dem Hinweis, daß die Ablehnung des Vorschlages der Arbeitgeberseite die Bereitschaft zum Streik bedeuten würde. Der Vorstand der Beklagten zu 2) erteilte am 30. September 1956 zu Inhalt und Form dieser Urabstimmung seine Zustimmung und leitete die Vorbereitung der Urabstimmung selbst durch Kundgebungen, Flugblätter und dergl. ein.

In den Zeitungen vom 1. Oktober 1956, u. a. in der Schleswig-Holsteinischen Volkszeitung, erschienenen Notizen, wonach es um eine Urabstimmung über die Durchführung eines Lohnstreiks zur Durchsetzung der Gewerkschaftsforderungen gehe. Am 4. Oktober 1956 richtete die Beklagte zu 2) an den Kläger zu 1) folgendes Schreiben:

„Wir bestätigen der Ordnung halber hiermit noch einmal, was unser Herr W. bereits in der letzten Verhandlung am 28. September erklärt hat. Das von Ihnen gemachte Angebot für einen neuen Rahmentarifvertrag in der Metallindustrie reicht unserer Vorstellung nach nicht aus, um es unseren Mitgliedern in Schleswig-Holstein zur Annahme zu empfehlen.

In diesem Sinne hat sich auch unsere Große Tarifkommission entschieden, die am Sonnabend, dem 29. September in Kiel zusammen war. Die Große Tarifkommission hat darüber hinaus einstimmig beschlossen, die Mitglieder der Industrie-Gewerkschaft Metall in den Mitgliedsfirmen Ihres Verbandes in einer Urabstimmung zu befragen, ob sie mit dem Angebot zu einem neuen Rahmentarifvertrag einverstanden sind oder nicht.

Wir bitten Sie Kenntnis zu nehmen, daß wir mit der Vorbereitung der Urabstimmung begonnen haben und die Urabstimmung am 11. und 12. Oktober 1956 in den Betrieben stattfinden wird.

Unbeschadet davon bestätigen wir den Eingang Ihres Briefes, in dem Sie nochmals auf die Sitzung der Technischen Kommission am 8. 10. 1956 um 10 Uhr in Kiel hinweisen. Wir werden an dieser Besprechung teilnehmen, da die Fragen, die im Zusammenhang mit der Entlohnung stehen, von der Urabstimmung nicht betroffen werden. Die uns zugegangenen Lohntarifverträge werden wir Ihnen in den nächsten Tagen zurücksenden.

Im übrigen erklären wir hiermit ausdrücklich unsere Bereitschaft zu weiteren Verhandlungen."

Hierauf antworteten die Kläger unter dem 5. Oktober 1956 wie folgt:

„Wir bestätigen den Eingang Ihres Schreibens vom 4. Oktober 1956, in dem Sie uns von einer von Ihnen beabsichtigten Urabstimmung Kenntnis gaben.

Wir stellen fest, die entsprechenden Pressemeldungen von Ihnen in einem Augenblick bestätigt zu bekommen, in dem unsere Verbände mitten in den Verhandlungen über den Abschluß eines neuen Rahmentarifvertrages mit Ihnen stehen. Es war bisher üblich, Rahmentarifverträge in mehreren Lesungen zu behandeln. Wir müssen feststellen, daß über wichtigste Bestimmungen Ihres Entwurfes bzw. der einschlägigen Paragraphen des alten Tarifvertrages, nämlich über die §§ 3—21 Ihres Entwurfes (§§ 4—11 des alten Vertrages) überhaupt noch nicht gesprochen worden ist. Für die Fortsetzung dieser Verhandlungen ist zwischen uns der 8. Oktober 1956 vereinbart worden. Darüber hinaus haben wir für die Erörterung der offen gebliebenen Fragen aus den §§ 1 und 2 sowie 22 ff. Ihres Entwurfes am Schluß der letzten Verhandlung einen Austausch des bisherigen Verhandlungsergebnisses und von Gegenvorschlägen vereinbart. Ein neuer Termin für die Fortsetzung dieser Verhandlungen sollte Ende dieser Woche absprachegemäß zwischen uns datumsmäßig festgelegt werden. Bei dieser Sachlage müssen wir nochmals feststellen, daß die Durchführung einer Urabstimmung in keiner

Weise mit den bisherigen Vereinbarungen in Einklang zu bringen ist und im übrigen jeder Usance widerspricht.
Der Vorbereitung einer Urabstimmung widerspricht auch Ihre mit Schreiben vom 4. 10. 1956 ausdrücklich zum Ausdruck gebrachte Bereitschaft, die Verhandlungen am 8. 10. 1956 und weiterhin fortsetzen zu wollen. Auch wir betonen ausdrücklich unsere Verhandlungsbereitschaft; wir erwarten jedoch von Ihnen zu Beginn der Verhandlung am 8. Oktober eine abschließende Erklärung über die von Ihnen angekündigte Durchführung der Urabstimmung zum gegenwärtigen Zeitpunkt.
In diesem Zusammenhang ist es notwendig, auch auf das zwischen uns und der Industriegewerkschaft Metall auf Bundesebene vereinbarte Schlichtungsabkommen vom 14. Juni 1955 hinzuweisen."

Die für den 8. Oktober 1956 vorgesehene Besprechung fand an diesem Tage statt. Über ihren Verlauf wurden zwei Erklärungen gefertigt. Die Erklärung der Arbeitgeberseite lautete:

„Die IG Metall hat während des Laufes der Verhandlungen über den Rahmentarifvertrag einen Termin für eine Urabstimmung festgesetzt.
Die IG Metall hat trotz der zwischenzeitlichen Hinweise der zuständigen Arbeitgeberverbände, daß der Rahmentarifvertrag überhaupt noch nicht in allen Teilen verhandelt worden ist und auf das tariflich vereinbarte Schlichtungsverfahren erklärt, daß sie die Urabstimmung durchführen wird.
Angesichts dieser Sachlage sieht sich die heute zur Verhandlung erschienene technische Kommission nicht in der Lage, ohne Stellungnahme ihrer Verbandsgremien in eine Fortsetzung ihrer Verhandlungen einzutreten. Diese Verhandlungen müssen vielmehr vertagt werden. Die Kommission verweist in diesem Zusammenhang auf das gemeinsame Schreiben der beiden Verbände vom 5. 10. 1956.
Im übrigen müssen die Darstellung über das Arbeitgeberangebot für einen Lohnausgleich bei Krankheit und Betriebsunfall im Flugblatt Nr. 4 der IG Metall sowie die heute von den Vertretern der IG Metall in diesem Zusammenhang abgegebenen Erklärungen dahingehend berichtigt werden, daß das Arbeitgeberangebot vom 28. 9. 1956, dessen endgültige Formulierung im beiderseitigen Einverständnis noch erfolgen sollte, eine echte Verbesserung gegenüber der im bisherigen Rahmentarifvertrag enthaltenen Regelung und der Darstellung des Flugblattes Nr. 4 beinhalten soll. Die Verhandlungen über diesen Punkt sind am 28. 9. nicht gescheitert oder ab-

gebrochen. Es sind vielmehr am gleichen Tage im beiderseitigen Einverständnis weitere Verhandlungen über diesen Punkt ausdrücklich vereinbart worden."

Die Erklärung der Arbeitnehmerseite hatte folgenden Wortlaut:

„Die Verhandlungskommission der Industriegewerkschaft ‚Metall' nimmt von der Erklärung der „technischen Kommission" der beiden Arbeitgeberverbände vom 8. 10. 1956 Kenntnis und stellt dazu folgendes fest:

1. Mit Schreiben vom 4. 10. 1956 haben wir beide Arbeitgeberverbände schriftlich davon in Kenntnis gesetzt, daß in den Betrieben der Metallindustrie am 11. und 12. 10. 1956 eine Urabstimmung durchgeführt werden soll.
   Von der Urabstimmung werden die Fragen, die im Zusammenhang mit der Entlohnung stehen, nicht betroffen, sie beschränkt sich in erster Linie auf die folgenden Forderungen, über die bereits anschließend verhandelt wurde:
   a) Lohnausgleich bei Krankheit und Unfällen,
   b) Zahlung eines zusätzlichen Urlaubsgeldes,
   c) Erhöhung des Urlaubs.
2. Die Verhandlungskommission der Arbeitgeberverbände hat am 28. 9. zu der Forderung nach Lohnausgleich bei Krankheit und Unfällen ein Angebot mündlich vorgetragen.
   Die Forderungen nach Urlaubsgeld und Erhöhung des Urlaubs wurden durch die Verhandlungskommission der Arbeitgeberverbände abgelehnt.
   Zu diesem mündlichen Angebot hat unser Sprecher, Herr W., erklärt, daß die Mitglieder der Industriegewerkschaft Metall hierüber selbst entscheiden müßten über Annahme oder Ablehnung. Die Verhandlungskommission der Industriegewerkschaft Metall sehe sich außerstande, dieses Angebot zur Annahme zu empfehlen. Die große Tarifkommission der Industriegewerkschaft Metall hat nach eingehender Beratung einstimmig beschlossen, das Angebot den Mitgliedern der Industriegewerkschaft Metall zur Entscheidung vorzulegen.
3. Die „technische Kommission" der Arbeitgeberverbände behauptet in ihrer Erklärung, die Darstellung der Industriegewerkschaft Metall über den Inhalt und Umfang des Arbeitgeberangebotes zu der Forderung nach Lohnausgleich bei Krankheit und Unfällen sei unrichtig. Die Verhandlungskommission der Industriegewerkschaft Metall stellt dazu fest, daß sie bereit ist, im

Falle eines Irrtums diesen zu berichtigen und diese berichtigte Auffassung ihren Funktionären heute in der stattfindenden Kundgebung mitzuteilen.

Die „technische Kommission" der Arbeitgeberverbände ist aber eine konkrete Erklärung schuldig geblieben, in welchen Punkten die Darstellung der Industriegewerkschaft „Metall" unrichtig ist.

4. Wir wiederholen hiermit nochmals den von uns mündlich vorgetragenen Vorschlag, die Entlohnungsbestimmungen in einem Lohn-Rahmen-Tarif zu vereinbaren.
5. Zu dem von der „technischen Kommission" der Arbeitgeberverbände gemachten Hinweis auf die bestehende Schlichtungsvereinbarung, die mit der Industriegewerkschaft „Metall" abgeschlossen worden ist, stellt die Verhandlungskommission der Industriegewerkschaft Metall fest, daß die Schlichtungsvereinbarung einer Urabstimmung nicht hindernd im Wege steht.

Es steht den Arbeitgeberverbänden frei, von der Anrufung der Schlichtungsstelle Gebrauch zu machen."

Durch Schreiben vom 10. Oktober 1956 schlugen die Kläger unter Bezugnahme auf die zwischen der Beklagten zu 1 und den Arbeitgeberverbänden der Metallindustrie, darunter den Klägern, abgeschlossene Schlichtungsvereinbarung vom 14. Juni 1955 der Beklagten zu 2 den Vorsitzenden und die Beisitzer der Arbeitgeberseite vor. Sie baten die Beklagte zu 2, auch ihrerseits die notwendigen Nominierungen vorzunehmen und den Klägern zu benennen. Das Schreiben schließt mit dem Satz: „Soweit es sich um gemeinschaftliche Verhandlungen unserer beiden Verbände handelt, schlagen wir die Bildung einer gemeinsamen Schlichtungsstelle vor."

Am selben Tag (10. Oktober 1956) richteten die Kläger an die Beklagte zu 2 ein weiteres Schreiben folgenden Wortlauts:

„Wir haben Sie mehrfach schriftlich und auch mündlich darauf hingewiesen, daß die von Ihnen eingeleitete Urabstimmung die Verpflichtungen aus dem Schlichtungsabkommen vom 14. Juni 1955 verletzt. Wir nehmen nochmals Gelegenheit, Sie auf dieses Abkommen hinzuweisen und machen insbesondere auf die einschlägigen Bestimmungen und Fristen (§ 6 Abs. 2, § 3 Abs. 2 des Schlichtungsabkommens) aufmerksam.

Die Durchführung einer Urabstimmung und weiterer Kampfmaßnahmen bedeutet eine Verletzung der sich aus diesem Abkommen ergebenden Friedenspflicht. Wir behalten uns ausdrücklich für den Fall derartiger Maßnahmen für uns und unsere Mitgliedsfirmen alle Konsequenzen einschließlich der Geltendmachung von Schadenersatzansprüchen vor."

Die Beklagte zu 2 erwiderte mit Schreiben vom 11. Oktober 1956:

„Wir bestätigen den Eingang Ihres Schreibens vom 10. 10. 1956 und benennen Ihnen nachfolgend die Beisitzer für die zu bildende Schlichtungsstelle. Aus Ihrem Schreiben entnehmen wir, daß die Schlichtungsstelle aus je 4 Beisitzern bestehen soll.

1. Ordentliche Mitglieder der Schlichtungsstelle (IG Metall)
   a) bis d) . . .
2. Stellvertreter
   a) bis d) . . .

In Ihrem Schreiben schlagen Sie als unparteiischen Vorsitzenden entweder Herrn Prof. Dr. N. oder Herrn Landgerichtsdirektor Dr. B. vor. Wir wären mit dem Vorschlag Prof. Dr. N. als Vorsitzender der Schlichtungsstelle einverstanden. Wir fassen Ihr Schreiben vom 10. 10. 1956 gleichzeitig als Anrufung der Schlichtungsstelle auf und haben entsprechend unseren Herrn N., den wir als Obmann benennen, unterrichtet."

Der Kläger zu 1 schrieb darauf an die Beklagte zu 2 unter dem 11. Oktober 1956 wie folgt:

„Wir bestätigen Ihnen den heutigen Anruf Ihres Herrn W., in dessen Verlauf Sie Ihr Einverständnis mit der Person des Herrn Prof. Dr. N. als unparteiischem Vorsitzenden der zu bildenden Schlichtungsstelle erklärten.

Die Benennung der übrigen Herren haben wir zur Kenntnis genommen.

Auf Ihre Anfrage bestätigen wir, daß eine Anrufung der Schlichtungsstelle durch uns bisher nicht erfolgt ist. Sie war bisher auch nicht möglich, da die Anrufung gemäß § 3 des Schlichtungsabkommens vom 14. Juni 1955 bei den Obleuten beider Parteien zu erfolgen hat. Ihre Namen sind uns aber erst eben durchgegeben worden. Unsere Schreiben vom 10. 10. stellen nur einen Hinweis auf das Bestehen des tariflichen Schlichtungsabkommens bzw. eine Benennung unserer Obleute und Beisitzer dar.

Im übrigen verweisen wir auf die mündliche Besprechung Ihres Herrn W. mit Herrn Dr. S. in unserem Büro, bei der beide Herren der Meinung waren, daß die Anrufung gemeinschaftlich geschehen könnte.

Diese Mitteilung ergeht gleichzeitig im Namen des Verbandes der Eisen- und Metallindustrie in Schleswig-Holstein, Lübeck."

Die Urabstimmung wurde am 11. und 12. Oktober 1956 durchgeführt. Die Beklagte zu 2 hatte ihren Mitgliedern empfohlen, das Angebot der Arbeitgeberseite abzulehnen und sich für den Streik zu erklären. Rund 88 % der Befragten sprachen sich für einen Streik aus.

Am 16. Oktober 1956 schrieb die Beklagte zu 2 an den Kläger zu 1:

„Wir bestätigen den Eingang Ihres Schreibens vom 10. Oktober 1956. Aus Ihrem Brief entnehmen wir, daß Sie sich hinsichtlich der Beurteilung unserer Maßnahmen im Zusammenhang mit dem Schlichtungsabkommen offensichtlich geirrt haben.

Wir haben in den Verhandlungen am 28. September sowie am 8. Oktober d. J. klar zum Ausdruck gebracht, daß die Verhandlungen über alle Teile des Vertrages, außer den Entlohnungsbestimmungen, für uns ohne ausreichendes Ergebnis und somit gescheitert sind.

Wir verweisen in diesem Zusammenhang auf die schriftliche Erklärung, die wir Ihnen am 8. 10. überreicht haben und worin wir vorschlagen, alle Entlohnungsbestimmungen in einem gesonderten Lohn-Rahmen-Tarifvertrag zu vereinbaren. Wir wollen diese Entlohnungsbestimmungen in Zukunft nicht mehr in einem allgemeinen Rahmentarifvertrag vereinbaren.

Sollten Sie aber nach wie vor — wie aus Ihrem Schreiben zu entnehmen ist — der Auffassung sein, die Verhandlungen seien nicht gescheitert, so erklären wir hiermit im Sinne des § 3 Ziff. 2 der Schlichtungsvereinbarung vom 11. Juli 1955, daß wir die Verhandlungen als gescheitert betrachten."

Am 16. Oktober 1956 trat der Vorstand der Beklagten zu 1) zusammen, um über die Zustimmung zum Streik zu entscheiden. Die Entscheidung wurde auf den 22. Oktober 1956 vertagt, weil der Vorstand glaubte, alsdann die Frist des § 6 Abs. 2 Halbsatz 2 der Schlichtungsvereinbarung einzuhalten. Am 22. Oktober 1956 erteilte er entsprechend dem Antrag der Beklagten zu 2) auf Zustimmung zum Streik seine Zustimmung. Die Beklagten riefen die Arbeitnehmer der in Betracht kommenden Betriebe am 23. Oktober zur Arbeitsniederlegung am 24. Oktober 1956 auf. Daraufhin brach der Streik am 24. Oktober 1956 aus. Er dauerte bis zum 14. Februar 1957.

Mit der Klage vom 22./23. November 1956 haben die Kläger beantragt, die Beklagten als Gesamtschuldner zu verurteilen, an die Kläger je 6500,— DM als Teilbetrag desjenigen Schadens zu bezahlen, der zwei ihrer Mitgliedsfirmen, nämlich der Werft N. GmbH, R., und S., L., infolge des Streiks entstanden sei; diese Teilforderungen seien an die Kläger abgetreten worden. Weiter haben die Kläger mit der Klage die Feststellung der Verpflichtung der Beklagten verlangt, als Gesamtschuldner den Schaden zu ersetzen, der den Klägern durch den auf Grund der Urabstimmung aufgerufenen Streik entstanden sei und in Zukunft entstehe. Die Kläger stützen ihre Klage auf Verletzung der in der Schlichtungsvereinbarung vom 14. Juni 1955 übernommenen Friedenspflicht durch die Beklagten sowie auf unerlaubte Handlung.

Die Beklagten haben um Klageabweisung gebeten. Sie sind der Auffassung, im maßgeblichen Zeitpunkt habe eine Friedenspflicht nicht mehr bestanden. Da der Streik sozial adäquat gewesen sei, entfalle auch eine Haftung aus unerlaubter Handlung.

Das Arbeitsgericht hat die Klage abgewiesen.

Das Landesarbeitsgericht hat das Urteil erster Instanz aufgehoben und nach dem Klageantrag erkannt.

Gegen dieses Urteil haben die Beklagten Revision eingelegt, mit der sie ihren Antrag auf Klageabweisung weiter verfolgen. Die Kläger bitten um Zurückweisung der Revision.

Die Revision der Beklagten ist zurückgewiesen worden.

Aus den Gründen:

I.

1. Mit dem Feststellungsantrag machen die Kläger den Schaden geltend, der ihnen selbst durch den ihrer Ansicht nach rechtswidrig und schuldhaft von den Beklagten veranlaßten Streik entstanden sei. Die Beklagten, die den Streik als rechtmäßig ansehen, haben die Entstehung dieses Schadens selbst weder in den Vorinstanzen in Abrede gestellt, noch wenden sie sich dagegen mit der Revision. Sie bekämpfen jedoch die Ansicht des Berufungsgerichts, das ein Feststellungsinteresse deshalb bejaht hat, weil z. Zt. des Erlasses des Urteils erster Instanz der Streik noch angedauert habe und die Höhe des den Klägern entstandenen Schadens zu dieser Zeit noch nicht abschließend zu berechnen gewesen sei. Nach Ansicht der Revision kommt es für die Frage des Feststellungsinteresses nicht auf den Zeitpunkt der Entscheidung erster Instanz, sondern auf den der letzten Tatsachenverhandlung an, sei es auch erst in zweiter Instanz.

Diese Ansicht ist rechtsirrig. Es kann dahingestellt bleiben, ob die Grundsätze der höchstrichterlichen Rechtsprechung (vgl. RGZ 129, 34; HRR 39, 1950) über die Zulässigkeit von Feststellungsanträgen anstelle von Leistungsanträgen bei bestimmten Beklagten (so den öffentlichen Körperschaften) auch auf d e n Fall Anwendung finden, daß eine Gewerkschaft verklagt ist, die als solche im Arbeits- und Sozialleben allseitig anerkannte wichtige Aufgaben zu erfüllen hat. Jedenfalls ergibt sich hier die Zulässigkeit des Feststellungsantrages bereits daraus, daß zur Zeit der Klageerhebung und auch noch zu der Zeit, als das Urteil des Arbeitsgerichts erging, der Streik noch nicht beendet war. Der Umfang des den Klägern aus dem damals noch nicht beendeten Streik erwachsenen Schadens war also noch nicht endgültig feststellbar. Es ist sogar zweifelhaft, ob unmittelbar nach Beendigung des Streiks eine solche Schadensfeststellung eindeutig der Höhe nach möglich gewesen wäre. Aber hierauf kommt es nicht entscheidend an; denn die Partei, die zulässigerweise eine positive Feststellungsklage erhoben hat, ist bei einem etwaigen späteren Wegfall des Feststellungsinteresses nicht verpflichtet, ihre Klage in eine Leistungs- und in eine Feststellungsklage zu spalten. Sie darf vielmehr in vollem Umfang an der Feststellungsklage festhalten, ohne daß es auf die weitere Entwicklung des Schadens während des Rechtsstreits ankommt (BAG in AP Nr. 5 zu § 256 ZPO). Lediglich dann, wenn bereits im ersten Rechtszuge lange vor dessen Beendigung die Schadensentwicklung voll abgeschlossen ist, der Beklagte deshalb den Übergang von der Feststellungs- zur Leistungsklage anregt, der Kläger aber an der Feststellungsklage festhält, ohne daß der Übergang zur Leistungsklage die Entscheidung über den Grund des Anspruchs verzögern würde, und durch diesen Übergang auch nicht der Verlust einer Instanz für den Streit über die Höhe des Anspruchs eintritt, muß zur Leistungsklage übergegangen werden (BGH NJW 52, 546). Im Streitfall liegt jedoch keine dieser Voraussetzungen vor. Hier hat der Streik zur Zeit des Erlasses des Urteils erster Instanz noch angedauert, und der Schaden war deshalb selbst zu dieser Zeit der Höhe nach noch nicht feststellbar. Das Feststellungsinteresse der Kläger kann somit nicht mit Erfolg in Abrede gestellt werden.

2. Bei den b e z i f f e r t e n Klageanträgen handelt es sich um Teilbeträge d e r Schäden, die den Mitgliedsfirmen der Kläger entstanden sein sollen. Diese Teilbeträge sind nach dem Urteil des Landesarbeitsgerichts nicht bestritten, wie auch die Abtretungen der Mitgliedsfirmen an die Kläger unstreitig sind. Dem Einwand der Revision, daß es hinsichtlich dieser Teilbeträge an einer ausreichenden Spezifizierung fehle, haben die Kläger in dritter Instanz dadurch Rechnung getragen, daß sie erklärt haben, es handele sich um einen Teil des Schadens, der ihren Mitgliedsfirmen dadurch entstanden sei, daß sie im November 1956 bestimmte, im einzelnen bezeichnete Aufwendungen für ihre Konstruktionsbüros hätten machen müssen, denen infolge des Streiks nicht die normalerweise

zu erwartenden Erträge gegenübergestanden hätten. Eine solche Spezifizierung reicht aus, um die Teilklage — falls sie es bis dahin nicht gewesen sein sollte — schlüssig zu machen. Die Spezifizierung kann noch in dritter Instanz vorgenommen werden (RGZ 157, 321 [329]; BGH in LM Nr. 8 zu § 253 ZPO). Die Beklagten haben hiergegen auch keine Einwendungen mehr erhoben.

3. Die Beklagten wenden sich jedoch gegen die Ansicht des Berufungsgerichts, daß ihre Haftung nicht nur ihren Vertragspartnern, den Klägern, gegenüber bestehe, sondern auch Dritten, den Mitgliedsfirmen der Kläger, gegenüber. Insoweit sind die Beklagten der Auffassung, daß die schuldrechtlichen Bestimmungen eines Tarifvertrages, falls es sich bei der Schlichtungsvereinbarung überhaupt um einen solchen handele, nicht auch vertragliche Bestimmungen zugunsten Dritter, nämlich der Mitglieder der den Vertrag abschließenden Verbände, seien.

Diese Meinung der Beklagten ist rechtsirrtümlich. Denn wenn es sich bei dem Schlichtungsabkommen vom 14. Juni 1955 um einen Tarifvertrag handelt, so ist dieser Tarifvertrag erkennbar im Interesse auch der Mitgliedsfirmen der Kläger und umgekehrt natürlich auch der Mitglieder der beklagten Gewerkschaften abgeschlossen. Die in der Schlichtungsvereinbarung festgelegte Friedenspflicht sollte gerade und in erster Linie den Mitgliedern der Kläger und der Beklagten zugute kommen. Hierin bestand das eigene Hauptinteresse der Vertragsschließenden, ihre Mitglieder durch die im Schlichtungsabkommen enthaltene Friedenspflicht zu schützen und zu begünstigen und ihnen für den Fall der Vertragsverletzung durch die Gegenpartei ein eigenes Recht auf den Ersatz des ihnen durch diese Verletzung entstandenen Schadens zu geben. Es handelt sich also insoweit um einen echten Vertrag zugunsten Dritter im Sinne des § 328 BGB. Die Ansicht der Revision, daß die Vereinbarung der tariflichen Friedenspflicht keinen Vertrag zugunsten Dritter begründe, verkennt das Wesen und die Funktion der Friedenspflicht und widerspricht der allgemeinen Meinung in Praxis und Wissenschaft (BAG 3, 280; Hueck-Nipperdey, Lehrbuch, 6. Aufl., Bd. 2, S. 509 ff. mit zahlreichen Nachweisen). Daraus folgt, daß eine Verletzung der vertraglichen Friedenspflicht unmittelbare Ansprüche der Mitglieder der einen Partei gegen die andere Vertragspartei auslösen kann. Derartige unmittelbare Ansprüche machen die Kläger hier kraft Abtretung geltend.

4. Der Senat hält auch die Ansicht der Revision für unzutreffend, daß es sich bei dem Schlichtungsabkommen nicht um einen Tarifvertrag handele. Zwar begründet dieses Schlichtungsabkommen lediglich obligatorische, d. h. schuldrechtliche Bindungen zwischen den Vertrag-

schließenden und zugunsten ihrer Mitglieder. Es setzt also, worauf die Revision mit Recht hinweist, keine Normen, die die Einzelarbeitsverhältnisse beherrschen. Für den Tarifvertrag ist es aber nicht begriffswesentlich, daß dieser stets auch Normen für Einzelarbeitsverhältnisse setzt. Auch Verträge unter den Sozialpartnern über Regeln, die beim Abschluß, bei der Verlängerung, Änderung oder Ergänzung von Tarifverträgen beachtet werden müssen, weiter Verträge über Friedenspflicht, Arbeitskämpfe und Schlichtung sind als Tarifverträge anzusehen (vgl. hierzu Hueck-Nipperdey a. a. O., S. 156). Wichtig ist dabei auch, daß die vorliegende Schlichtungsvereinbarung Bedeutung für alle künftigen Tarifverhandlungen hat; sie muß nicht nur in einem Einzelfall, sondern in einer unbestimmten Vielzahl von Anwendungsfällen nach dem Willen der Vertragsparteien beachtet werden. Verträge zwischen den Sozialpartnern mit einem solchen Inhalt stellen jedenfalls echte Tarifverträge dar. Mit Recht ist deshalb das Schlichtungsabkommen auch von den vertragschließenden Sozialpartnern selbst übereinstimmend als Tarifvertrag bezeichnet und dann auch in das Tarifverzeichnis beim Bundesminister für Arbeit in Bonn und bei der Obersten Arbeitsbehörde des Landes Schleswig-Holstein eingetragen worden.

5. Der Senat hält somit die Bedenken, die die Revisionsbegründung gegen diese Auffassung des Schlichtungsabkommens als eines Tarifvertrages erhoben hat, nicht für durchschlagend. Aber selbst wenn diese Bedenken zutreffend wären, könnte das Ergebnis kein anderes sein. Dann wäre in der Schlichtungsvereinbarung ein schuldrechtlicher Vertrag eigener Art zu sehen. Auch ein solcher Vertrag ist aber zugleich und sogar in erster Linie im Interesse und zugunsten der beiderseitigen Mitglieder geschlossen. Es darf niemals verkannt werden, daß die Verbände (die Gewerkschaften und Arbeitgeberverbände) nicht einen Selbstzweck erfüllen, sondern daß ihre gesamte Tätigkeit im Interesse und zugunsten ihrer Mitglieder erfolgt. Wenn sie also eine Friedenspflicht vereinbaren und diese in bestimmtem Umfang gegen eine Verletzung geschützt wissen wollen, so soll das den Mitgliedern zugute kommen. Es läge somit auch in dem Fall, daß man in dem Schlichtungsabkommen keinen Tarifvertrag sehen wollte, sondern einen schuldrechtlichen Vertrag eigener Art, ein echter Vertrag zugunsten Dritter vor (§ 328 BGB).

II.

Das Landesarbeitsgericht hat die Schadensersatzpflicht der Beklagten aus einer Verletzung des Schlichtungsabkommens hergeleitet, das es nach dem Gesagten mit Recht als Tarifvertrag ansieht. Es ist der Auffassung, daß sich die Beklagten nicht an die sie bindenden Abmachungen dieses Abkommens zu der Frage, wann Kampfmaßnahmen eingeleitet werden dürfen, gehalten hätten. Sie müßten deshalb den Schaden tragen, der durch eine von ihnen verschuldete Verletzung der freiwillig eingegangenen Schlichtungsvereinbarung entstanden sei.

1. Wenn eine solche Verletzung der zwischen den Klägern und der Beklagten zu 1) abgeschlossenen Schlichtungsvereinbarung vorliegen sollte, dann würden beide Beklagten als G e s a m t s c h u l d n e r für den daraus entstandenen Schaden haften (§ 427 bzw. 431 BGB). Denn es ist davon auszugehen, daß die Beklagte zu 1), die Industriegewerkschaft Metall für die Bundesrepublik Deutschland, das Schlichtungsabkommen einmal für sich im eigenen Namen, aber zugleich für ihre Bezirke, d. h. im Namen ihrer Bezirksleitungen, abgeschlossen hat, die als Tarifträger für die abzuschließenden Tarifverträge in Betracht kamen. Rechtlich bestehen dagegen keine Bedenken. Nach § 164 BGB ist es nicht erforderlich, daß das Vertretungsverhältnis und die Namen der Vertretenen ausdrücklich im Vertrage zum Ausdruck kommen. Es kann dies auch stillschweigend geschehen. Ein derartiger Fall ist hier anzunehmen; denn bereits daraus, daß das Schlichtungsabkommen bei a l l e n Tarifverhandlungen angewandt werden sollte, also auch bei solchen, bei denen nicht die Beklagte zu 1), sondern wie in aller Regel deren Bezirke als Tarifpartner beteiligt waren, folgt, daß auch die Bezirke aus dem Abkommen berechtigt und verpflichtet sein sollten, daß das Abkommen also auch für diese Bezirke abgeschlossen werden sollte und abgeschlossen worden ist. Zulässig ist weiter, daß jemand sowohl im Namen eines anderen wie auch im eigenen Namen abschließt.

Die Beklagten haben im Prozeß denn auch keine Einwendungen dagegen vorgebracht, daß sowohl die Beklagte zu 1) wie die Beklagte zu 2) Vertragspartner der Kläger geworden sind. Auch die Beklagte zu 2), die ein eigener nicht rechtsfähiger Verein ist, ist eine Gewerkschaft und tariffähig. Sie ist neben der Beklagten zu 1) Vertragspartei des Schlichtungsabkommens, wie es auch die übrigen Bezirke der Beklagten zu 1) sind.

2. Bei der Beurteilung des etwaigen haftungsbegründenden Tatbestandes, also der Anspruchsgrundlage selbst, geht das Landesarbeitsgericht davon aus, daß sich eine vertragliche Friedenspflicht (also eine Pflicht, Kampfmaßnahmen zu unterlassen) der Beklagten n i c h t mehr aus dem R a h m e n t a r i f v e r t r a g, gültig ab 1. Oktober 1953, ergebe. Diese Ansicht trifft zu. Der Rahmentarifvertrag war zum 31. Dezember 1955 wirksam gekündigt worden. Eine Verlängerung der sich aus ihm ergebenden Friedenspflicht war in ihm nicht vereinbart. Nach seiner durch

die Kündigung herbeigeführten Beendigung bestand somit, von den Vorschriften der noch zu erörternden Schlichtungsvereinbarung einmal abgesehen, die anerkannte, nicht durch Verträge eingeschränkte Kampffreiheit. Deshalb wären, hätte die Schlichtungsvereinbarung vom 14. Juni 1955 nicht bestanden, die Beklagten vom 1. Januar 1956 an grundsätzlich nicht gehindert gewesen, für die Durchsetzung der von ihnen erhobenen drei Kernforderungen, bei denen es sich um echte Arbeitsbedingungen handelte, einen Streik herbeizuführen.

Dieser Rechtslage tragen die Kläger dadurch Rechnung, daß sie ihre Klage nicht auf eine Verletzung des Rahmentarifvertrages und einer aus ihm folgenden Friedenspflicht stützen. Auch ihren in erster Instanz unternommenen Versuch, einen Verstoß der Beklagten gegen die Friedenspflicht aus angeblichen Zusagen herzuleiten, die aus Anlaß des Abschlusses des Bremer Abkommens über Arbeitszeit und Löhne vom 13. Juni/25. Juli 1956 gemacht sein sollen, haben sie im Laufe des Prozesses nicht weiter verfolgt. Bereits das Arbeitsgericht hatte es zu Recht abgelehnt, hieraus eine Verpflichtung der Beklagten herzuleiten, von einem Arbeitskampf abzusehen. Dagegen haben die Kläger in der Berufungsinstanz Einwendungen nicht erhoben.

3. Vertragliche Anspruchsgrundlage kann somit allein die Schlichtungsvereinbarung vom 14. Juni 1955 sein.

Soweit sich das Landesarbeitsgericht mit der Auslegung dieser Schlichtungsvereinbarung befaßt, hält seine Begründung einer rechtlichen Nachprüfung allerdings nicht stand. Die Ausführungen des Landesarbeitsgerichts über die Auslegung des Schlichtungsabkommens sind vielmehr höchst unklar und in sich widerspruchsvoll.

So geht das Landesarbeitsgericht auf S. 7 des angefochtenen Urteils davon aus, die Schlichtungsvereinbarung enthalte zur Frage der Friedenspflicht einschlägig lediglich die Regelung des § 6. Dagegen folgert es auf S. 21 des Urteils eine Schadenersatzpflicht der Beklagten zu 2) aus einer Friedenspflichtverletzung, weil diese gegen den Wortlaut, Sinn und Zweck des § 3 Abs. 2 in Verbindung mit § 1 Abs. 1 der Schlichtungsvereinbarung gehandelt habe, als sie am 29./30. September 1956 die Streikurabstimmung beschlossen und agitatorisch mit dem Ziel der Ablehnung des Arbeitgeberangebotes und des Bekenntnisses zur Streikbereitschaft in die Wege geleitet habe, während noch am 28. September 1956 verhandelt worden sei und ein Scheitern der Verhandlungen nicht festgestellt werden könne. Demgegenüber heißt es auf S. 8 des Urteils, die Verhandlungspartner hätten für die Zeit zwischen dem Ablauf eines Tarifs und dem Anruf der Schlichtungsstelle zur Hilfeleistung beim Abschluß eines neuen Tarifvertrages, nämlich während des in dieser Weise begrenzten Zwischenraums der Verhandlungen über den Abschluß eines neuen Tarifs, eine Friedenspflicht gerade nicht vereinbaren wollen.

Wie das Landesarbeitsgericht mit diesen einander widersprechenden und in sich unzureichend erörterten Gesichtspunkten doch zu einer Bejahung der Schadenersatzpflicht der Beklagten gekommen ist, ist nicht verständlich.

Das Berufungsgericht ist ferner (S. 11 des Urteils) der Ansicht, erst bei Anrufung der beiden Obmänner (§ 3 Abs. 1) könne sich die Friedenspflicht nach § 6 auswirken. Dagegen wird auf S. 22 festgestellt, daß diese Anrufung nicht stattgefunden habe. Gleichwohl wird eine Verletzung der Friedenspflicht festgestellt, die nach S. 7 lediglich in § 6 geregelt sein soll. Auch dieser Gedankengang ist unverständlich.

Schließlich glaubt das Landesarbeitsgericht, weder den Sinn des § 6 Abs. 2 der Schlichtungsvereinbarung noch den Begriff „Kampfmaßnahmen" ausreichend klären zu können (S. 11 und 14 der Urteilsausfertigung). Auf der anderen Seite kommt es zur Verurteilung der Beklagten, indem es betont, daß diese durch ihre Kampfmaßnahmen gegen Sinn, Zweck und Wortlaut der §§ 1 Abs. 1, 3 Abs. 2 verstoßen hätten, die ihrerseits selbstverständliche Voraussetzungen für die Anrufung der Obmänner der Schlichtungsstelle zur Auslösung der Friedenspflicht (§ 6) seien.

Alle diese Begründungen des Berufungsurteils verstoßen gegen die Denkgesetze, sie sind unklar und weitgehend unverständlich und verletzen die Auslegungsregeln der §§ 133, 157 BGB.

4. Gleichwohl nötigen die aufgezeigten Mängel des angefochtenen Urteils nicht zur Aufhebung der angefochtenen Entscheidung und zur Zurückverweisung des Rechtsstreits an das Landesarbeitsgericht; denn das Ergebnis, zu dem das angefochtene Urteil gekommen ist, erweist sich aus anderen Gründen als zutreffend. Daher war die Vorschrift des § 563 ZPO anzuwenden.

Der Rechtsstreit ist zur Endentscheidung reif, da der Inhalt der Schlichtungsvereinbarung und die Feststellungen des angefochtenen Urteils über das Ergebnis der Beweisaufnahme des Landesarbeitsgerichts es nicht erforderlich machen, die Sache zur weiteren Aufklärung in die Berufungsinstanz zurückzuverweisen. Eine solche Zurückverweisung wäre nur dann notwendig, wenn der festgestellte Sachverhalt, so wie er der Beurteilung des Revisionsgerichts zugrunde liegt, nicht geeignet wäre, eine abschließende Entscheidung zu rechtfertigen. So ist es hier aber nicht.

Der Beurteilung des Revisionsgerichts liegen vor: der urkundliche Wortlaut der Schlichtungsvereinbarung sowie die tatsächlichen und deshalb das Revisionsgericht bindenden Feststellungen des Landesarbeitsgerichts zur Frage des Scheiterns der Verhandlungen der Sozialpartner. Weiter ergibt sich aus den tatsächlichen Feststellungen des Landesarbeitsgerichts, daß eine Beweisaufnahme über den Begriff der Kampfhandlungen im Sinne der Schlichtungsvereinbarung, die durchgeführt worden ist, zu keinem Ergebnis geführt hat. Auch hinsichtlich der Auslegung des § 6 Abs. 2 der Schlichtungsvereinbarung hat nach dem Berufungsurteil eine vom Landesarbeitsgericht durchgeführte Beweisaufnahme zur Klärung eines besonderen Parteiwillens nicht geführt. Prozessuale Rügen in der Richtung, daß eine weitere vom Landesarbeitsgericht prozeßordnungswidrig unterlassene Beweisaufnahme insoweit zu einem anderen Ergebnis hätte führen können, sind nicht erhoben. Daher kommt es für die Entscheidung nur auf die Schlichtungsvereinbarung selbst an. In einem Fall, in dem es sich lediglich um die Auslegung der Vertragsurkunde selbst handelt und besondere Umstände des Einzelfalles, die der Auslegung des Vertrages eine bestimmte Richtung zu geben hätten, nicht in Frage stehen, ist aber das Revisionsgericht befugt, die gegen gesetzliche Auslegungsregeln verstoßende Auslegung des Berufungsgerichts durch die eigene von ihm für zutreffend gehaltene zu ersetzen (BAG in AP Nr. 6 zu § 550 ZPO).

5. Die rechtliche Prüfung der Schlichtungsvereinbarung hat folgendes ergeben:

a) Die Revision zieht zunächst in Zweifel, ob die Schlichtungsvereinbarung vom 14. Juni 1955 hier überhaupt a n w e n d b a r ist. Sie leitet diese Bedenken daraus her, daß nach den tatsächlichen Feststellungen des Landesarbeitsgerichts nicht alsbald nach Abschluß der Schlichtungsvereinbarung die Mitglieder der Schlichtungsstelle benannt worden sind. Diese Zweifel sind nicht berechtigt.

Nach § 2 Abs. 3 Satz 1 der Schlichtungsvereinbarung sollten die Mitglieder der Schlichtungsstelle in Monatsfrist nach Abschluß der Vereinbarung benannt werden. Das bezieht sich nicht auf d i e Mitglieder, die bei der einzelnen Schlichtungsverhandlung hinzugezogen werden (§ 2 Abs. 3 Satz 4), sondern auf alle Mitglieder (§ 2 Abs. 3 Satz 3). Es handelt sich also in Wahrheit um eine generelle Vorschrift, die der Aufstellung der Liste diente. Gleiches gilt nach § 2 Abs. 2 und Abs. 3 auch für die Auswahl des unparteiischen Vorsitzenden.

Daß die Mitglieder der Schlichtungsstelle nach dem 14. Juni 1955 nicht alsbald benannt worden sind und eine Benennung erst im Oktober 1956 für die etwaige konkrete Schlichtung erfolgt ist, macht die Schlichtungsvereinbarung nicht unwirksam. Die Benennung war, wie der vorliegende Fall bewiesen hat, binnen kürzester Zeit nachholbar. Daß die Beklagten diese Ansicht selbst vertreten haben, folgt nicht nur aus der Tatsache, daß sie noch im Oktober 1956 ihre Beisitzer benannt haben, sondern insbesondere daraus, daß sie, obwohl sie vorher ihre Beisitzer nicht benannt hatten, sich gleichwohl an die Schlichtungsvereinbarung gebunden erachteten, dies auch ausdrücklich erklärten und ihr Einverständnis mit Professor N. als unparteiischen Vorsitzenden bekundeten (Schreiben vom 11. Oktober 1956).

b) Die Auslegung der danach anzuwendenden Schlichtungsvereinbarung, die entgegen der Ansicht der Revision keineswegs nur Verfahrensvorschriften enthält, muß vom Wortlaut ausgehend den mit ihr erstrebten Sinn und Zweck ermitteln (§ 133 BGB). Die Schlichtungsvereinbarung, die von den beiden Vertragspartnern im Rahmen ihrer anerkannten und geschützten Tarifautonomie freiwillig abgeschlossen ist, muß nach § 157 BGB so ausgelegt werden, wie es Treu und Glauben mit Rücksicht auf die Verkehrssitte erfordern. Diese Grundsätze umschließen gerade im Arbeitsrecht die Rechtswirklichkeit, d. h. die Tatsachen und Erfahrungen des Arbeitslebens.

Aus § 1 der Vereinbarung ergibt sich danach, daß beim Neuabschluß, der Verlängerung, der Änderung oder Ergänzung eines Tarifvertrages die Parteien zunächst frei verhandeln müssen; denn es wird ausdrücklich von „vorerst durchzuführenden freien Verhandlungen zwischen den Tarifparteien" gesprochen. Eine Auslegung dahin, daß mit den „freien Verhandlungen" nur der Gegensatz zu Verhandlung vor der Schlichtungsstelle gemeint sei, wird dem Inhalt der getroffenen Regelung nicht gerecht (vgl. auch § 5 Abs. 2 Satz 1). Selbst diese Interpretation könnte aber nicht dazu führen zu leugnen, daß hier eine echte Rechtspflicht begründet wurde, die es ausschloß, daß ohne freie Verhandlungen zwischen den Tarifpartnern die Schlichtungsstelle angerufen oder gar eine Kampfmaßnahme ergriffen werden konnte. Von durchzuführenden freien Verhandlungen kann nur gesprochen werden, wenn diese Verhandlungen wirklich frei sind und als solche frei bis zur Einigung oder zum Scheitern durchgeführt, d. h. nicht unter den massiven während der Verhandlungen ausgeübten Druck eingeleiteter Kampfmaßnahmen gestellt werden. Keiner der Partner der Schlichtungsvereinbarung, weder die Arbeitgeberverbände noch die Beklagte zu 1 oder ihre Bezirksleitungen, durfte also nach § 1 Kampfmaßnahmen einleiten oder durchführen, bevor der Versuch einer Einigung in freien Verhandlungen gemacht, aber gescheitert war (vgl. dazu § 3 Abs. 2 der Schlichtungsvereinbarung).

Für den Fall, daß diese hiernach vorerst zu führenden freien Verhandlungen „zu keiner Verständigung führten", sollte es jedem der Tarifpartner freistehen, die Schlichtungsstelle anzurufen (§ 3 Abs. 1 Satz 1); die andere Vertragspartei war dann nach § 3 Abs. 3 verpflichtet, sich auf das Schlichtungsverfahren einzulassen. Keiner der Tarifpartner war somit vor, während oder nach Scheitern der zunächst zu führenden Verhandlungen gezwungen, die Schlichtungsstelle anzurufen. Es handelt sich also nicht um die sogenannte obligatorische Schlichtung, wie sie in § 3 Abs. 1 der zwischen der Bundesvereinigung der Deutschen Arbeitgeberverbände und dem DGB abgeschlossenen Musterschlichtungsvereinbarung vom 7. September 1954 (RdA 1954, S. 383) vorgesehen ist. Jeder Partner hatte aber die ihm von der Gegenseite durch Abschluß der Schlichtungsvereinbarung vom 14. Juni 1955 zugestandene Möglichkeit, nach seinem Ermessen die Schlichtungsstelle anzurufen. Daher kann keiner Partei ein Vorwurf daraus gemacht werden, daß sie im Hinblick auf inzwischen eingetretene Ereignisse oder aus taktischen Gründen von der Anrufung absah oder den naheliegenden Vorschlag entwickelte, die Schlichtungsstelle gemeinsam mit dem anderen Partner anzurufen. Die volle Freiwilligkeit der Anrufung der Schlichtungsstelle hat auch der Erste Vorsitzende der Beklagten zu 1), Brenner, in seiner Besprechung der Schlichtungsvereinbarung vom 14. Juni 1955 (Sozialer Fortschritt 1955 S. 231 f.) besonders unterstrichen. Er wendet sich gegen den Anrufungszwang und gegen ein Tätigwerden der Schlichtungsstelle von Amts wegen. Er führt aus:

> „Jede Tarifvertragspartei wird versuchen, ihren Standpunkt durch taktisch kluge Maßnahmen zu fördern. Wenn z. B. die Gewerkschaft eine Forderung stellt, die der Tarifvertragspartei der Arbeitgeber nicht paßt — das ist meist der Fall —, dann wird der Arbeitgeberverband in ordentlichen Verhandlungen nach den seitherigen Erfahrungen zunächst keine oder nur eine geringe Bereitschaft zur Erfüllung einer ungenügenden Teilforderung zeigen. Besteht die Sicherheit, daß die mit diesem Angebote nicht zufriedene Gewerkschaft eine Schlichtungseinrichtung anrufen muß oder diese nach Mitteilung vom Scheitern der Verhandlungen automatisch tätig zu werden hat, dann wird es bei dem ungenügenden Angebot der Arbeitgeber sein Bewenden haben, weil man damit rechnet, daß im Laufe des Schlichtungsverfahrens ein weiteres Nachgeben erforderlich wird. Das erste Angebot in der Tarifvertragsverhandlung war also aus taktischen Gründen nicht echt und noch nicht das „letzte Wort".

Es ist verständlich, wenn sich aus diesen durchaus sachlichen Überlegungen bei der Industriegewerkschaft Metall die Meinung entwickelt hat, daß in den normalen Tarifvertragsverhandlungen nicht mehr mit dem notwendigen Ernst und der erforderlichen Verantwortung verhandelt würde. Aus diesem Grunde erscheint es richtig, daß jede der beteiligten Tarifvertragsparteien das Recht hat, nach dem Scheitern von ordentlichen Tarifvertragsverhandlungen die vereinbarte Schlichtungsstelle anzurufen. Eine Tarifvertragspartei wird die Schlichtungsstelle nicht anrufen, wenn sie tatsächlich ihr letztes Wort gesprochen hat und bereit ist, einen Arbeitskampf auf sich zu nehmen, den die andere Tarifvertragspartei ebenfalls nach reiflicher Prüfung einleitet. Die Tarifvertragsparteien stehen bei ihrer Entscheidung, ob sie eine Schlichtungsstelle anrufen wollen oder nicht, vor sehr klaren Fragen. Durch diese Tatsache wird auch ihr Verantwortungsbewußtsein während der vorhergehenden Tarifverhandlungen entsprechend gestärkt. Es wird immer geprüft werden, ob man ein Scheitern der Verhandlungen mit der Folge eines Arbeitskampfes auf sich nehmen will, die unsichere Chance abzuwarten bereit ist, daß die andere Partei anruft, oder selbst durch Anrufung der Schlichtungsstelle zum Ausdruck bringen will, daß die eigene Entscheidung doch nicht ganz so sicher ist. Die Industriegewerkschaft Metall erwartet, daß durch diese Regelung in ihrer Schlichtungsvereinbarung eine leichtfertige Flucht aus der Verhandlung in die Schlichtung und damit die Gelegenheit zu unsauberer Taktik nicht gegeben ist."

Rief eine Partei oder riefen beiden Parteien die Schlichtungsstelle an, so sollte dann die besondere in § 6 Abs. 1 geregelte und durch § 6 Abs. 2 modifizierte Friedenspflicht eingreifen. Die von jedem Partner der Schlichtungsvereinbarung dem anderen eingeräumte Möglichkeit, die Schlichtungsstelle anzurufen, dient also dem Versuch, auch dann und dadurch noch zu einer gütlichen Einigung zu kommen (§ 5). Wenn sonach bei der nach dem Scheitern der Verhandlungen erfolgten Anrufung der Schlichtungsstelle die „besondere oder erweiterte Friedenspflicht" (vgl. Hueck-Nipperdey, a. a. O., S. 242 f.) nach § 6 einsetzen sollte, so setzt auch das gedanklich voraus, daß im Zeitpunkt, in dem noch verhandelt werden mußte, also bevor die Verhandlungen gescheitert waren, die Friedenspflicht (des § 1 Abs. 1) bestand. In seiner oben erwähnten Besprechung der Schlichtungsvereinbarung spricht Brenner in diesem Zusammenhang durchaus zutreffend von einer „Fortsetzung" der tarifvertraglichen Friedenspflicht.

Nach dem Scheitern der freien Verhandlungen, die zu führen die Beklagten nach § 1 der Schlichtungsvereinbarung ohne Rücksicht darauf verpflichtet waren, ob es später zur Anrufung der Schlichtungsstelle kam oder nicht, würde an sich eine Friedenspflicht nicht mehr bestehen. Die Schlichtungsvereinbarung bestimmt aber einmal, daß eine Friedenspflicht nach dem Scheitern der Verhandlungen noch 5 Tage besteht, und weiter, daß die Friedenspflicht durch die Anrufung der Schlichtungsstelle nach dem Scheitern der Verhandlungen in dem in § 6 festgelegten Umfang erneut begründet wird.

Aus der in den §§ 1, 3 und 6 der Schlichtungsvereinbarung enthaltenen Gesamtregelung ergibt sich mit Sicherheit, daß jedenfalls vor dem Scheitern, also während der Verhandlungen, die Friedenspflicht bestand. Eine Kampffreiheit ist daher nicht als gegeben anzusehen in der Zeitspanne, in der noch verhandelt wurde und die Schlichtungsstelle daher überhaupt noch nicht angerufen werden konnte. Denn die Anrufung der Schlichtungsstelle ist erst möglich, wenn die Verhandlungen gescheitert sind (§ 1 Abs. 1 Satz 1, § 3 Abs. 1 und 2).

Dabei ist der Unterschied in der Wortfassung zwischen § 1 Abs. 1 und § 3 Abs. 1 und 2 bedeutungslos. In § 1 Abs. 1 heißt es, daß die Schlichtungsstelle angerufen werden kann, „wenn die vorerst durchzuführenden freien Verhandlungen zwischen den Tarifparteien zu keiner Verständigung geführt haben". Aus § 3 ergibt sich, daß die Schlichtungsstelle erst angerufen werden kann, wenn die Verhandlungen „als gescheitert gelten", d. h. „wenn eine Vertragspartei dies der anderen Vertragspartei gegenüber erklärt oder wenn eine Vertragspartei es ablehnt, weiter zu verhandeln". Der Zusammenhang dieser Bestimmungen ergibt, daß das in § 1 Abs. 1 genannte Nichtzustandekommen der Verständigung eine zweifelsfreie, klare „Nichtverständigung" der Partner sein muß, die genau das gleiche ist wie das „Scheitern" der Verhandlungen in § 3. Eine andere Auslegung würde die von der Vereinbarung in erster Linie gewollten freien Verhandlungen schwer beeinträchtigen, wenn nämlich jede Partei, sofern nicht im ersten Anhieb eine Einigung erzielt wird, schon das Schlichtungsverfahren in Lauf setzen könnte. Bestand somit vor dem Scheitern der Verhandlungen gar keine rechtliche Möglichkeit, die Schlichtungsstelle anzurufen und damit die „besondere oder erweiterte Friedenspflicht" des § 6 zu begründen, so war das auch nicht erforderlich, ja überflüssig, da während der Verhandlungen die Friedenspflicht auf Grund von § 1 Abs. 1 bestand.

c) Der Annahme, daß § 1 der Schlichtungsvereinbarung eine Friedenspflicht während der freien Verhandlungen konstituierte, steht § 6 Abs. 2 nicht nur nicht entgegen, vielmehr ergibt sich aus ihm das gleiche.

Wenn § 6 Abs. 2 Halbsatz 2 bestimmt: „jedoch dürfen Beschlüsse über Durchführung von Kampfmaßnahmen erst 5 Tage nach dem Scheitern der Verhandlung gefaßt werden", so heißt das: sie dürfen nicht vorher gefaßt werden, also weder vor dem Ablauf der mit dem Scheitern der Verhandlungen beginnenden Frist von 5 Tagen noch erst recht nicht vor dem Scheitern der Verhandlungen. Die Regelung des § 6 Abs. 2 Halbsatz 2 besagt also, daß den Parteien nach dem Scheitern der Verhandlungen noch eine Überlegungsfrist von 5 Tagen eingeräumt, aber auch auferlegt werden sollte, während der sie sich über die Anrufung der Schlichtungsstelle oder auch etwa doch noch über ein neues den Kampf vielleicht verhinderndes Angebot oder die Anregung oder auch nur das Abwarten eines solchen Angebots schlüssig werden konnten. Sinn dieser Vorschrift ist es aber vor allem, auch zu verhindern, daß die Parteien bereits vor Ablauf dieser Frist unter den Druck eingeleiteter Kampfmaßnahmen gesetzt werden.

Zu Unrecht macht die Revision geltend, daß § 6 Abs. 2 Halbsatz 2 nur für d e n Fall gelte, daß ein Schlichtungsverfahren anhängig sei oder anhängig gemacht werde. § 6 Abs. 2 Halbsatz 2 soll nicht nur die Friedenswirkung der Schlichtung unterstützen, er hat vielmehr eine selbständige Bedeutung. Das folgt schon aus dem Wortlaut. Er lautet nicht: „Beschlüsse über Durchführung von Kampfmaßnahmen dürfen (— zu ergänzen: solchen Falles, d. h. im Falle des § 6 Abs. 2 —) erst 5 Tage nach dem Scheitern der Verhandlung gefaßt worden sein", sondern er bestimmt, daß sie nicht gefaßt werden dürfen. Hätte die Bestimmung des § 6 Abs. 2 Halbsatz 2 nur innerhalb eines eingeleiteten Schlichtungsverfahrens gelten sollen, so hätte etwa so formuliert werden müssen: „Das — nämlich § 6 Abs. 2 Halbsatz 1 — gilt jedoch nicht, wenn Beschlüsse über Durchführung von Kampfmaßnahmen vor dem Ablauf von 5 Tagen nach dem Scheitern der Verhandlungen gefaßt werden". So ist es aber nicht. Vielmehr ist § 6 Abs. 2 Halbsatz 2, obwohl er technisch keinen selbständigen Satz bildet, als allgemeine Unterlassungspflicht formuliert. Dazu führt Brenner, a. a. O. auf S. 232 aus:

> „Um den Tarifvertragsparteien nach dem offiziellen Scheitern der Verhandlungen Gelegenheit zur Entscheidung über die Anrufung der Schlichtungseinrichtung zu geben, wurde eine fünftägige Frist vereinbart, inerhalb derer Kampfmaßnahmen nicht eingeleitet werden dürfen. Wenn bis zum Ablauf dieser Frist keine der Vertragspar-

> teien an die Schlichtungsstelle herangetreten ist, dann ist jede Tarifvertragspartei zu den von ihr in Aussicht genommenen Kampfmaßnahmen „frei", wie man sich technisch ausdrückt. Für den Fall, daß die Schlichtungsstelle angerufen wird, gibt es zwei Möglichkeiten: Die Anrufung kann vor Einleitung von Kampfmaßnahmen erfolgen, dann wird durch die Anrufung bis zu der fristgebundenen Entscheidung über die Annahme oder Ablehnung des Einigungsvorschlages die tarifvertragliche Friedenspflicht fortgesetzt. Kampfmaßnahmen dürfen demnach nicht durchgeführt werden. Sofern jedoch Kampfmaßnahmen schon eingeleitet sind, weil zunächst die Schlichtungsstelle nicht angerufen wurde, können diese Kampfmaßnahmen weitergeführt werden."

Die selbständige Bedeutung des § 6 Abs. 2 Halbsatz 2 ergibt sich vor allem klar aus einer Betrachtung des Gesamtzusammenhangs und des Sinnes und Zweckes des § 6. Nach § 6 Abs. 1 Satz 1 sind Kampfmaßnahmen, die dem Zweck des § 1 entgegenstehen, während des Schlichtungsverfahrens zu unterlassen (Friedenspflicht). Dieser Satz ist im Grunde eine Selbstverständlichkeit; er dient nur der Klarstellung. Der Zweck des § 1 ist es, der freien Tarifautonomie der Sozialpartner zu dienen. Zur Verwirklichung dieses Zieles weist der § 1 zwei Wege: Einmal bestimmt er, daß freie Verhandlungen der Tarifparteien stattfinden müssen. Während dieser freien Verhandlungen dürfen, wie der Senat des näheren dargelegt hat, keine Kampfmaßnahmen eingeleitet werden. Der andere in § 1 gewiesene Weg sieht vor, daß nach Scheitern der freien Verhandlungen ein Schlichtungsverfahren zum Zustandebringen von Tarifverträgen zur Verfügung gestellt wird. Dieses Schlichtungsverfahren darf nicht durch Kampfmaßnahmen beeinträchtigt oder gestört werden. Daher dürfen Kampfmaßnahmen erst ergriffen werden, wenn das Schlichtungsverfahren gescheitert ist, d. h., wenn die Schlichtungsstelle nicht innerhalb der Fristen nach § 4 Abs. 1 einen Einigungsvorschlag unterbreitet hat oder der Einigungsvorschlag abgelehnt ist (§ 5 Abs. 5; vgl. § 6 Abs. 1 Satz 2). Nun kann es vorkommen — und die Tarifparteien haben sich gerade mit diesem Fall besonders beschäftigt —, daß trotz des Scheiterns der freien Verhandlungen die Schlichtungsstelle zunächst nicht angerufen wird und daß es vorher zur Einleitung des Arbeitskampfes kommt. Für diesen Fall mußte Vorsorge getroffen werden, weil die Schlichtungsvereinbarung nicht bestimmt, daß die Schlichtungsstelle nur binnen einer in der Vereinbarung selbst gesetzten Frist angerufen werden kann. Vielmehr ist nach der Schlichtungsvereinbarung die Anrufung der Schlichtungsstelle jederzeit nach dem Scheitern der Verhandlungen möglich, also auch noch lange

Zeit danach. Wird nunmehr, nachdem entweder „die Abstimmung zwecks Durchführung von Kampfmaßnahmen oder Kampfmaßnahmen selbst beschlossen oder schon im Gange sind", also kurz gesagt nach Einleitung des Arbeitskampfes, die Schlichtungsstelle angerufen, so wird die besondere Friedenspflicht des § 6 Abs. 1 trotz des Ingangsetzens des Schlichtungsverfahrens nicht begründet. § 6 Abs. 2 drückt das so aus, daß § 6 Abs. 1 Satz 1 und 2 in diesem Falle keine Anwendung finden, d. h., die bereits vor der Anrufung der Schlichtungsstelle eingeleiteten Kampfmaßnahmen dürfen fortgesetzt werden. Es wird der Tarifpartei, die nach dem Scheitern der Verhandlungen zur Einleitung von Kampfmaßnahmen geschritten ist, nicht zugemutet, diese rückgängig zu machen. Die beschlossene Urabstimmung kann stattfinden, der Streikbeschluß kann ergehen, und der Streik kann durchgeführt werden, ohne daß die Friedenspflicht entgegensteht. Das Schlichtungsverfahren kann dem eingeleiteten Arbeitskampf also nicht mehr in den Arm fallen.

Es unterliegt nach dem Wortlaut und Sinn dieser Vorschrift und nach der Erfahrung des Arbeitslebens keinem Zweifel, daß diese Regelung im Grunde vor allem dem Interesse der vertragschließenden Gewerkschaft dient; sie ist in erster Linie auf den Streik gemünzt, nicht, jedenfalls praktisch nicht, auf die Angriffsaussperrung, die sehr selten ist. Der vertragschließenden Gewerkschaft sollte nicht der Prestigeverlust, der „Verlust des Gesichts" gegenüber den Mitgliedern und der Öffentlichkeit, dadurch zugemutet werden, daß sie schon mit der Anrufung der Schlichtungsstelle durch die Arbeitgebertarifpartei zum Abstoppen und zum Widerruf der zulässigerweise vorher gefaßten Kampfbeschlüsse rechtlich gezwungen wäre.

Das einzige Opfer, das die Gewerkschaft für diese wichtige Rechtsposition, die ihr im ersten Teil des § 6 Abs. 2 gewährt wird, im Vertrag bringen muß, besteht darin, daß sie ihre Beschlüsse über Einleitung von Kampfmaßnahmen nicht vor dem Scheitern der freien Verhandlungen, auch nicht am Tage dieses Scheiterns, sondern erst 5 Tage nach dem Scheitern der Verhandlung fassen darf. Handelt sie dieser Bestimmung zuwider, so hat das nicht nur die Rechtsfolge, daß sie sich gegenüber einem später eingeleiteten Schlichtungsverfahren nicht mehr auf das dargelegte Recht zur Fortsetzung des Arbeitskampfes berufen kann, vielmehr hat sie gegen die durch die Schlichtungsvereinbarung statuierte Friedenspflicht verstoßen, weil sie bereits vor dem Scheitern der Verhandlungen (§ 1 Abs. 1), jedenfalls aber vor Ablauf der Fünf-Tagefrist (§ 6 Abs. 2 Halbsatz 2), den Arbeitskampf eingeleitet hat. Für diesen Fall waren sich die Tarifparteien darüber einig, daß kein Anlaß bestand, die Partei, die den Arbeitskampf eingeleitet hat, zu begünstigen. Ohne Rücksicht darauf, ob später ein Schlichtungsverfahren eingeleitet wird oder nicht, ist die Gegenpartei nicht verpflichtet, diese vor dem Scheitern der Verhandlungen oder vor Ablauf der Frist von 5 Tagen eingeleitete Arbeitskampfmaßnahme hinzunehmen. Sie kann sich vielmehr auf die Verletzung der Friedenspflicht berufen, weil der Partner, der den Kampf einleitete, sich nicht an die Regel gehalten hat, der er sich selbst unterwarf. Er hat entweder schon während der freien Verhandlungen, die durchzuführen § 1 Abs. 1 gebietet, also vor dem Scheitern, den Kampf begonnen, oder er hat jedenfalls nach Scheitern der Verhandlungen die Respektfrist der 5 Tage nicht eingehalten.

Die richtige wort- und sinngemäße Auslegung des § 6 der Schlichtungsvereinbarung bestätigt also völlig die vom Senat gegebene Auslegung des § 1 Abs. 1 über die Friedenspflicht vor dem Scheitern der freien Verhandlungen.

d) Die Revision wendet sich weiter dagegen, daß das Berufungsgericht bereits in dem Beschluß über die Urabstimmung und in der Veranstaltung der Urabstimmung eine Kampfmaßnahme gesehen hat. Auch dieser Revisionsangriff kann jedoch trotz der gekennzeichneten Mängel des Berufungsurteils im Ergebnis keinen Erfolg haben.

Der Begriff der Kampfmaßnahmen ist zunächst danach zu bestimmen, wie dieses Wort im allgemeinen Sprachgebrauch verstanden wird, wenn es auch denkbar wäre, daß die Parteien in der Schlichtungsvereinbarung diesen Begriff anders umschrieben hätten oder sich darüber einig gewesen wären, daß bestimmte Maßnahmen nicht als Kampfmaßnahmen angesehen werden sollten. Als Kampfmaßnahmen im allgemeinen Sprachgebrauch und im Sinne des einen Teil des Arbeitsrechts bildenden Arbeitskampfrechts sind — jedenfalls im Hinblick auf die Friedenspflicht — alle Maßnahmen anzusehen, die den Verhandlungspartner bewußt und gewollt unter den unmittelbaren Druck eingeleiteter Arbeitskämpfe setzen und damit seine Entschließungsfreiheit beeinträchtigen sollen. Kampfmaßnahme in diesem Sinne ist jede Maßnahme, die an die Stelle des freien Verhandelns den Zwang zum Bewilligen der Forderungen des Partners oder jedenfalls zum Nachgeben setzen soll, und zwar aus Furcht vor den Nachteilen oder Verlusten, die der Arbeitskampf mit sich bringt (vgl. Hueck-Nipperdey II, 234, 235[11]: „Kampfverbot im weitesten Sinne des Wortes"). Das gilt auch für die vor dem Scheitern der Verhandlungen eingeleiteten, die jederzeit mögliche unmittelbare Auslösung des Arbeitskampfes sich zum Ziel setzenden Maßnahmen des Gegners. Darunter fällt der verlautbarte oder jedenfalls der der Kampfpartei als verlautbart zuzurechnende Beschluß über die Urabstimmung, wenn sie sich zugleich als gewollte Streikabstimmung darstellt. Denn dieser Beschluß der Urabstimmung, mit einer bestimmten Zielrichtung (Streik) angesetzt und durchgeführt, bedeutet für den Verhandlungspartner, also hier die Arbeitgeberseite, daß die Gegenpartei dann durch einen formellen und in aller Regel auch vorgenommenen Akt den Streik mit allen seinen Folgen ohne weiteres auslösen kann und auch auslösen wird. Zwar kann die Gewerkschaft nach ihrer Satzung (§ 13 Ziffer 4) trotz eines mit der erforderlichen Mehrheit gefaßten Abstimmungsbeschlusses der Mitglieder vom Streikbeschluß absehen. Aber die Rechtswirklichkeit, die Tatsachen und Erfahrungen des Arbeits- und Soziallebens ergeben, daß eine Gewerkschaft, die bewußt und mit dem entsprechenden Eifer den Mitgliedern empfiehlt, für die Ablehnung des Arbeitgeberangebots und für den Streik zustimmen, nicht nur regelmäßig die erforderliche Mehrheit für ihre Empfehlung erzielt, sondern dann auch praktisch danach handelt, d. h. den Streik proklamiert, wenn nicht der Gegner vorher nachgibt. Liegt daher ein solcher Urabstimmungsbeschluß vor, so ist der Arbeitgeber in seiner freien Verhandlungsposition weitestgehend beeinträchtigt. Gerade das ist aber auch von der Gewerkschaft gewollt, und damit ist bewußt eine Kampfmaßnahme ergriffen und eine Kampfposition bezogen. Grote, ein erster Sachkenner, hat diese Lage in seinem der Deutschen Gewerkschaftsbewegung gewidmeten Buch, Der Streik, Taktik und Strategie, 1952, S. 151, mit voller Klarheit gekennzeichnet. Er führt aus:

> „Ist der Kampf beschlossen, das Kampfziel umrissen und die organisatorische Vorbereitung endgültig eingeleitet, dann darf es kein Zurück mehr geben. Die Urabstimmung ist der letzte Akt, der den sozialen Gegenspieler nicht darüber in Zweifel lassen darf, daß die Kampfhandlung durchgeführt wird. Sie ist die letzte ultimative Maßnahme vor Einleitung der Kampfhandlung.
>
> Hat die Entwicklung das vorbezeichnete Ausmaß erreicht, dann entscheidet nur noch der Einsatz der Macht. Keine Macht aber, die ihr Ansehen aufrechterhalten will, darf mobilisieren, ohne den festen und unbeugsamen Willen zum entscheidenden Angriff zu haben. Die Einbuße, die eine mobilisierte Macht verliert ohne anzugreifen, ist nicht abzuschätzen. Lediglich die Kapitulation des Gegners, mindestens aber die Anerkennung eines maßgeblichen Teiles seiner erhobenen Ansprüche, dürfen zur Aufhebung der eingeleiteten Maßnahmen führen. Einen anderen Weg als diesen sollte es bei einer Arbeits-

kampfmaßnahme nicht geben. Die Urabstimmung sollte der letzte Akt vor der Aktion sein."

Es kommt aber im vorliegenden Rechtsstreit noch folgendes Besondere hinzu:

Es wurde bereits auf den Zusammenhang und die vertraglich stipulierte Balance zwischen den beiden Halbsätzen des § 6 Abs. 2 der Schlichtungsvereinbarung hingewiesen. Im ersten Halbsatz des § 6 Abs. 2 werden der Beschluß über die Abstimmung zwecks Durchführung von Kampfmaßnahmen, der Beschluß der Kampfmaßnahmen selbst und ihr Beginn („im Gange sind") ausdrücklich einander gleichgestellt. Der erstgenannte Beschluß ist der Beschluß über eine zu veranstaltende Urabstimmung. Alle diese in § 6 Abs. 2 Halbsatz 1 genannten Maßnahmen werden, wenn sie erst später als 5 Tage nach Scheitern der Verhandlungen getroffen werden, wie bereits gezeigt, trotz eines inzwischen eingeleiteten Schlichtungsverfahrens privilegiert: Sie dürfen weiter durchgeführt werden, ohne daß ein Verstoß gegen die Friedenspflicht vorliegt. Der nach Ablauf der Fünf-Tagefrist, aber vor Anrufung der Schlichtungsstelle gefaßte Urabstimmungsbeschluß ist zulässig, bleibt es und macht auch alle weiteren Handlungen des Kampfes, die Veranstaltung der Urabstimmung selbst, den Streikbefehl und die Streikdurchführung, zulässig.

Dann muß aber auch logischer- und vernünftigerweise umgekehrt § 6 Absatz 2 Halbsatz 2 dahin aufgefaßt werden, daß „Beschlüsse über Durchführung von Kampfmaßnahmen" auch alle in Halbsatz 1 genannten Beschlüsse sind, also auch der Streikurabstimmungsbeschluß, durch den der Mitgliedschaft empfohlen wird, „durch eine Urabstimmung sich für den Streik zu entschließen" (Erl. zur Satzung der Beklagten zu 1) Abs. 4 zu Ziff. 4 des § 13). Denn es ist in Halbsatz 2 von Beschlüssen in der Mehrzahl die Rede, wie auch in Halbsatz 1 von Beschlüssen verschiedener Art gesprochen wird. Der Begriff „Beschlüsse" in § 6 Abs. 2 Halbsatz 2 ist also die Zusammenfassung der in Halbsatz 1 erwähnten Beschlüsse.

Damit bezeichnet die Schlichtungsvereinbarung selbst den Beschluß über die Urabstimmung zur Durchführung einer Kampfmaßnahme als eine vor dem Scheitern der freien Verhandlungen und innerhalb der Fünf-Tagefrist nach dem Scheitern unzulässige Kampfhandlung. Das gilt natürlich auch für den Begriff der Kampfmaßnahme während des Schlichtungsverfahrens nach § 6 Abs. 1. Denn die Friedenspflicht während des Schlichtungsverfahrens sollte sicherlich keine andere sein als die während der freien Verhandlungen bis zum Ablauf der Karenzfrist bestehende.

Somit ist in der gesamten Schlichtungsvereinbarung der Begriff der Kampfmaßnahme ein einheitlicher, und zwar der in § 6 Abs. 2 Halbsatz 1 bestimmte.

Jede andere Auslegung, die etwa nur auf den Streikbeschluß (Streikbefehl) des Vorstandes der Gewerkschaft, nicht den Beschluß über die Streikurabstimmung abstellt, wäre sinnlos. Es könnte dann während der freien Verhandlungen oder innerhalb der Fünf-Tagefrist eine Streikurabstimmung angeordnet und durchgeführt werden. Nach Ablauf der Fünf-Tagefrist würde der Streik angeordnet, obwohl die Arbeitgeber in der Frist die Schlichtungsstelle angerufen haben. Der Streikbefehl fiele dann nach § 6 Abs. 2 Halbsatz 1 nicht mehr unter die Friedenspflicht des § 6 Abs. 1 der Schlichtungsvereinbarung. Aber auch § 6 Abs. 2 letzter Halbsatz wäre nicht anwendbar, da der Streik erst nach Ablauf der Frist angeordnet wäre. Eine solche Auslegung würde Sinn und Zweck der Schlichtungsvereinbarung gröblich widersprechen. Sie ist aber auch schon nach dem Wortlaut der Schlichtungsvereinbarung unhaltbar.

Dagegen ist die Auslegung des Senats auch deshalb allein sinnvoll, weil bereits durch den Beschluß zur Herbeiführung einer Urabstimmung über den Streik Unruhe in die Betriebe hineingebracht und die Gefahr begründet wird, daß ein wirtschaftlicher Schaden entsteht. Auch der Schaden selbst kann bereits vor Ausbruch des Streiks dadurch eintreten, daß Bestellungen nicht erteilt oder zurückgezogen werden, weil der Besteller befürchtet, daß die Lieferung innerhalb der vorgesehenen Lieferzeit infolge des Eintritts von bereits durchaus ernst vorgesehenen oder in einer Urabstimmung schon gebilligten Kampfmaßnahmen (Streik) nicht möglich sein wird. Hinzu kommt entscheidend, daß nach dem Beschluß über die Urabstimmung über den Streik von einer wirklich freien Verhandlung nicht mehr gesprochen werden kann, da die Verhandlung unmittelbar unter dem Druck des bevorstehenden und in aller Regel bei Nichtbewilligung der gestellten Forderungen mit Bestimmtheit zu erwartenden Streiks steht.

Der Beschluß zur Veranstaltung einer Abstimmung über einen von der Gewerkschaft gewollten Streik darf daher nach der Schlichtungsvereinbarung nicht vor dem Scheitern der Verhandlungen und nicht vor Ablauf der Fünf-Tagefrist nach dem Scheitern der Verhandlungen ergehen. Ist er unzulässigerweise früher ergangen, so ist er tarifwidrig, und es sind, wie noch darzulegen sein wird, alle auf ihm beruhenden weiteren Streikmaßnahmen ebenfalls tarifwidrig.

Das Landesarbeitsgericht hat eine umfangreiche Beweisaufnahme über die Frage durchgeführt, ob die Parteien bei den Verhandlungen über die Schlichtungsvereinbarung den Begriff „Kampfmaßnahmen“ etwa anders bestimmen wollten, als er nach allgemeinen arbeitsrechtlichen Begriffen und nach dem Wortlaut und dem Zinn und Zweck der Schlichtungsvereinbarung zu bestimmen ist. Es kann dahingestellt bleiben, ob ein solcher Wille der Parteien, der in der Schlichtungsvereinbarung nicht zum Ausdruck gekommen ist, überhaupt mit einer echten Friedenspflicht vereinbar und daher beachtlich wäre. Ein weiteres Eingehen auf diese Frage erübrigt sich aber schon deshalb, weil das Landesarbeitsgericht festgestellt hat, die von ihm durchgeführte Beweisaufnahme habe insoweit keine eindeutigen Ergebnisse gezeitigt. Danach hat das Landesarbeitsgericht nicht feststellen können, daß der Begriff „Kampfmaßnahmen“ hier durch die Parteien anders bestimmt werden sollte als nach allgemeinem Sprachgebrauch und nach dem, was sich aus dem Wortlaut, Sinn und Zweck der Schlichtungsvereinbarung selbst ergibt.

Rügen, daß die Beweisaufnahme in dieser Richtung zu ergänzen wäre, sind von der Revision nicht erhoben.

Diese Auslegung der Schlichtungsvereinbarung, nach der die Beschlußfassung über eine Streikurabstimmung, bei der die Gewerkschaft auf den Streik hinarbeitet, als Kampfhandlung anzusehen ist, steht auch im Einklang mit den allgemeinen Grundsätzen des Arbeitskampfrechts. Die Friedenspflicht umfaßt die Vertragspflicht, Kampfhandlungen weder zu unternehmen noch anzudrohen (vgl. Hueck-Nipperdey II, S. 234, 235[11]). Wie der Arbeitgeber, der während eines Firmentarifs das Angebot an die Arbeitnehmer, das Arbeitsverhältnis unter anderen untertariflichen Bedingungen fortzusetzen, mit der Aussperrungsandrohung oder Drohung der Kündigung bei Nichteinverständnis der Arbeitnehmer koppelt, einen Verstoß gegen die Friedenspflicht begeht (vgl. Hueck-Nipperdey, a. a. O., S. 236 Anm. 19; RAG ARS 11, 391), so handeln auch die Gewerkschaften der Friedenspflicht zuwider, wenn sie in einer Zeitspanne, in der sie die Friedenspflicht zu beachten haben, den Tarifpartner unter den Druck eines unmittelbar bevorstehenden Streiks setzen und dadurch ihre Forderungen durchsetzen wollen. Folgerichtig und zutreffend hat deshalb auch der erste Vorsitzende der Beklagten zu 1), Brenner, in seiner bereits mehrfach erwähnten Besprechung der Schlichtungsvereinbarung den § 6 Abs. 2 dahin ausgelegt, daß Kampfmaßnahmen erst fünf Tage nach dem Scheitern der Verhandlungen „eingeleitet“ werden dürfen. Unter den Begriff der Einleitung von Kampfmaßnahmen fällt aber nach allgemeinen Grundsätzen und besonders nach § 6 Abs. 2 der Schlichtungsvereinbarung auch der Beschluß, eine Streikurabstimmung vorzunehmen; denn bereits durch ihn wird auf den Verhandlungspartner der Druck ausgeübt, den zu verhüten gerade Sinn und Zweck der Regelung des § 6 der Schlichtungsvereinbarung war.

e) Diese Auslegung verstößt nicht gegen die Streikfreiheit, wie sie nach dem Grundsatzbeschluß des Großen Senats des Bundesarbeitsgerichts (BAG 1, 291 ff.) und der ständigen Rechtsprechung des Senats sowie der durchaus herrschenden Meinung den Gewerkschaften zusteht. Dieses legitime „Streikrecht" wird durch das vorliegende Urteil nicht beeinträchtigt, vielmehr im Gegenteil als bestehend vorausgesetzt. Das gleiche gilt für die Vereinigungsfreiheit (Koalitionsfreiheit) des Art. 9 Abs. 3 GG, die unter dem Schutze der Verfassung steht, auch die Koalitionen selbst und ihren Gesamtzweck schützt (BVerfG in AP Nr. 1 zu Art. 9 GG), und auf deren Gewährleistung die Rechtsprechung des Bundesarbeitsgerichts besonderes Gewicht legt.

Diese Rechte der Gewerkschaften werden durch die vom Senat vorgenommene Auslegung der freiwilligen Schlichtungsvereinbarung nicht beeinträchtigt, desgleichen nicht die innere Willensbildung der Gewerkschaften, wie noch dazutun sein wird. Der erkennende Senat befindet sich vielmehr mit seiner Beurteilung in voller Übereinstimmung mit der ständigen Rechtsprechung des Bundesarbeitsgerichts und früher des Reichsarbeitsgerichts und mit der ganz überwiegenden Rechtslehre. Er vertritt mit dem Großen Senat des Bundesarbeitsgerichts und der ihm folgenden Rechtsprechung die Auffassung, daß der sozialadäquate Streik legitim ist und die Rechtmäßigkeit des Handelns der einzelnen Arbeitnehmer, die sich am Streik beteiligen, begründet. Für eine Anrufung des Großen Senats liegen deshalb die gesetzlichen Voraussetzungen des § 45 ArbGG nicht vor; denn hier handelt es sich allein um die Frage der Einhaltung freiwillig übernommener tariflicher Verpflichtungen und um die Auslegung des tariflichen Schlichtungsabkommens. Auch die entschiedensten Anhänger eines verfassungsmäßigen Streikrechts, das sich aus Art. 159 WeimRV, jetzt aus Art. 9 GG oder aus Bestimmungen der Landesverfassungen ergebe (vgl. dazu BAG 1, 291), haben niemals den geringsten Zweifel daran gelassen, daß dieses Streikrecht durch vertragliche Bestimmungen begrenzt und beschränkt werden kann. Eine andere Auffassung wäre ein Verdammungsurteil über das Tarifvertragsrecht selbst und die aus ihm notwendig folgende Friedenspflicht. Der Tarifvertrag hätte überhaupt keinen Wert und keine praktische Bedeutung mehr. Eine andere Auffassung würde zur Vernichtung der freien sozialen Autonomie führen. Sie wird daher mit Recht nirgends vertreten. Die Zulässigkeit solcher den Arbeitskampf begrenzenden freiwilligen Verpflichtungen folgt aus der verfassungsmäßig garantierten Vertragsfreiheit (Art. 2 GG). Werden sie eingegangen, so gilt der Grundsatz, daß Verträge gehalten werden müssen. Vertragsfreiheit und Vertragstreue stehen mit der Streikfreiheit nicht in Widerspruch. Sie gehören zu den Grundlagen des freiheitlichen, sozialen Rechtsstaates (Art. 20, 28 GG). Diese Grundnormen gelten für jeden Staatsbürger und damit auch für die Sozialpartner, die sich im Rahmen ihrer anerkannten Aufgaben an die von ihnen selbst freiwillig eingegangenen Abkommen halten müssen. Die Sozialpartner können nicht das Recht für sich beanspruchen, sich einseitig von bindenden Abmachungen nach ihrem Gutdünken zu lösen.

III.

Angesichts dieser allein sinnvollen Auslegung der Schlichtungsvereinbarung hat das Landesarbeitsgericht im Ergebnis zu Recht eine Haftung der Beklagten für die Streikschäden daraus hergeleitet, daß die Beklagte zu 2) bereits vor dem Scheitern der Verhandlungen Kampfmaßnahmen eingeleitet hat, indem sie die Streikurabstimmung beschloß und daß die Beklagte zu 1) den Streikbefehl erteilte, obwohl die den Streik einleitenden Handlungen der Beklagten zu 2) gegen die vertragliche Friedenspflicht verstoßen hatten.

Die Argumente der Revision gegen diese Rechtslage schlagen nicht durch.

1. Was den Zeitpunkt des Beschlusses zur Durchführung der Abstimmung angeht, so hat nach den Feststellungen des Landesarbeitsgerichts im Tatbestand des angefochtenen Urteils (S. 2 f. der Urteilsausfertigung) die Große Tarifkommission der Beklagten zu 2) am 29. September 1956 einstimmig beschlossen, die Mitglieder zu den drei Kernforderungen zu befragen, und zwar verbunden mit dem Hinweis darauf, daß die Ablehnung des Vorschlags der Arbeitgeberseite die Bereitschaft zum Streik bedeute. Der Vorstand der Beklagten zu 2) hat nach diesen Feststellungen zu Inhalt und Form dieser Urabstimmung seine Zustimmung erteilt und die Vorbereitung der Urabstimmung selbst durch Kundgebungen, Flugblätter u. dergl. eingeleitet. In den Entscheidungsgründen des Berufungsurteils finden sich hierzu auf S. 18 die Feststellungen, der Beschluß der Großen Tarifkommission, die Zustimmung des Vorstandes der Beklagten zu 2) zur Abstimmung und deren Vorbereitung seien gleichzeitig erfolgt, und auf S. 21 heißt es, die Beklagte zu 2) habe den Beschluß über die Streikurabstimmung am 29./30. September 1956 gefaßt. Gegen diese tatsächlichen Feststellungen ist ein Berichtigungsantrag nicht eingereicht worden. Mit der Revision sind sie

nicht angegriffen worden, wie die Beklagten auch die — im angefochtenen Urteil in Bezug genommenen — Feststellungen des Urteils erster Instanz nicht angegriffen haben, daß die Beratung des Vorstandes der Beklagten zu 2) über die Durchführung der Streikurabstimmung am 30. September 1956 stattgefunden habe (S. 2 des Urteils erster Instanz). Das stimmt wiederum überein mit der Behauptung in der Klageschrift (S. 11), daß der Beschluß zur Abhaltung der Urabstimmung „unstreitig" am 29. September 1956 gefaßt worden sei. Dem haben die Beklagten nicht nur nicht widersprochen, sondern sich in der Klagebeantwortung (S. 19) sogar ausdrücklich auf das Schreiben der Beklagten zu 2) vom 4. Oktober 1956 an den Kläger zu 1) bezogen, in dem ebenfalls der Beschluß der Großen Tarifkommission zur Abhaltung der Urabstimmung als am 29. September 1956 ergangen angegeben wird, ohne daß übrigens von einem Vorstandsbeschluß der Beklagten zu 2), geschweige denn von einem Beschluß des Vorstandes der Beklagten zu 1) gesprochen wird. Diese Feststellungen des Landesarbeitsgerichts binden somit das Revisionsgericht, so daß davon auszugehen ist, daß der maßgebliche Beschluß zur Urabstimmung am 29./30. September 1956 gefaßt worden ist.

In der vom Berufungsgericht in Bezug genommenen Beweisaufnahme hat der Zeuge W. bekundet, die Große Tarifkommission habe die Urabstimmung mit der Zustimmung des Vorstandes der Beklagten zu 1) Ende September 1956 beschlossen; die Zustimmung der Beklagten zu 1) sei nach seiner Kenntnis in Hamburg durch Beschluß vom 4. Oktober 1956 getroffen worden. Diese Aussage kann jedoch deshalb nicht zu einer anderen Beurteilung führen, weil in der Revisionsbegründung keine prozessualen Rügen dahingehend erhoben worden sind, daß nach dieser Bekundung des Zeugen das Landesarbeitsgericht als maßgeblich einen vom Vorstand der Beklagten zu 1) etwa am 4. Oktober 1956 gefaßten Beschluß hätte ansehen oder sich doch mit dieser Frage hätte auseinandersetzen müssen.

Der Senat hat sich, wenn er den 29./30. September 1956 als maßgeblichen Zeitpunkt zugrundelegt, damit keineswegs mit der inneren Willensbildung der Beklagten befaßt oder gar in diese eingegriffen, sich vielmehr ganz im Gegenteil an die *nach außen verlautbarten* oder jedenfalls den Beklagten *nach außen als verlautbart zuzurechnenden Erklärungen* gehalten. Dabei ist darauf hinzuweisen, daß nach den von der Beklagten zu 1) selbst herausgegebenen und für maßgebend erachteten Erläuterungen Abs. 4 zu § 13 Ziff. 4 der Satzung der Beklagten zu 1), die gedruckt vorliegt, der Öffentlichkeit zugänglich und vom Vorderrichter bezogen ist, von einer bloßen unverbindlichen „Empfehlung", einem „Vorschlag", einer bloßen „Meinungsäußerung" der Großen Tarifkommission oder des Bezirksvorstandes keine Rede sein kann, daß vielmehr eine Entscheidung über eine Urabstimmung über den Streik vom Bezirk der Gewerkschaft zu treffen ist. Abs. 4 der Erläuterungen zu Ziff. 4 des § 13 der Satzung hat unbestritten folgenden Wortlaut:

> „Bevor eine Abstimmung unter allen für den Streik in Betracht kommenden Gewerkschaftsmitgliedern durchgeführt wird, sollen die in Frage kommenden örtlichen oder bezirklichen Gremien (Tarif-, Verhandlungs- oder Lohnkommissionen) des Tarifgebietes nach ernster Beratung in geheimer Abstimmung mit mindestens Dreiviertelmehrheit der abgegebenen Stimmen darüber entscheiden, ob sie der Mitgliedschaft empfehlen wollen, durch eine Urabstimmung sich für den Streik zu entschließen."

Diese Beschlüsse bedürfen also nach der Satzung n i c h t der Zustimmung durch die Beklagte zu 1). Deren Zustimmung zu Abstimmungsbeschlüssen ist vielmehr nur dann vorgesehen, wenn es sich um Abstimmungen über das Verhandlungsergebnis handelt, bei denen ausdrücklich darauf hingewiesen wird, daß es sich n i c h t um eine Streikabstimmung, sondern nur um Annahme oder Ablehnung des Verhandlungsergebnisses handelt (Erl. Abs. 3 vor Ziff. 1 des § 13 der Satzung). Eine solche Abstimmung stand hier aber gerade nicht in Frage. Bei Streikabstimmungen wie der vorliegenden war eine Zustimmung oder gar Beschlußfassung durch den Vorstand der Beklagten zu 1) nach deren Satzung nicht vorgesehen, vermutlich weil diese die Entscheidung darüber hatte, ob der Streikbefehl selbst erteilt werden soll oder nicht. Es bedarf deshalb nicht der Prüfung, ob einer ganz intern, also ohne Satzungsbestimmung doch geforderten Zustimmung der Beklagten zu 1), mit der sich der Senat nicht zu befassen hat, etwa rückwirkende Kraft nach § 184 Abs. 1 BGB zukommen würde. Vielmehr kommt es für den Streikurabstimmungsbeschluß nur auf die von der Beklagten zu 2) gefaßten Beschlüsse an, auf die deren Schreiben vom 4. Oktober 1956 folgerichtig denn auch allein verweist.

Sollten aber selbst in dieser Richtung noch — nach Meinung des Senats unbegründete — Zweifel bestehen, so kommt im Streitfall folgendes hinzu: Die von der Beklagten zu 2) und von ihrer Großen Tarifkommission gefaßten Beschlüsse vom 29./30. September 1956 sind keineswegs intern geblieben, sondern alsbald in die Öffentlichkeit gedrungen. Es ist davon in der Presse die Rede gewesen, aus der sich ergibt, welche Wichtigkeit die Beklagten diesen Beschlüssen beimaßen. Die Beklagte zu 1) hat es — ebenso wie die Beklagte zu 2) — nicht für notwendig gehalten, von diesen Presseverlautbarungen abzurücken oder auch nur darauf hinzuweisen, daß den Beschlüssen der Beklagten zu 2) oder deren Großer Tarifkommission, wie das jetzt im Prozeß behauptet wird, eigentlich gar keine oder nur eine untergeordnete Bedeutung beizumessen sei. Angesichts dieses Verhaltens kann etwaigen rein verbandsinternen Bestimmungen, die aber hier weder vom Landesarbeitsgericht festgestellt noch aus der von diesem erörterten Satzung der Beklagten zu 1) ersichtlich sind, keine Bedeutung zukommen. Die Beklagten müssen es sich vielmehr gefallen lassen, daß ihnen eine Handhabung zugerechnet wird, wie sie hier von der Beklagten zu 2) unbeanstandet und unter Duldung der Beklagten zu 1) vorgenommen worden ist. Auch die Beklagte zu 1) muß daher den Streikurabstimmungsbeschluß vom 29./30. September 1956 als bindend und maßgebend gegen sich gelten lassen.

2. Der Versuch der Beklagten, in den in der Presse verlautbarten Beschlüssen vom 29./30. September 1956 eine rein verbandsinterne Maßnahme mit dem Ziel einer bloßen Meinungserforschung der Mitglieder zum Zwecke ihrer eigenen auf demokratischem Wege erfolgenden internen Willensbildung zu sehen, mit der sich die Gerichte nicht beschäftigen dürften, ist verfehlt. Das wird ganz deutlich angesichts der Art und Weise, wie diese Beschlüsse zur Streikurabstimmung nach den Feststellungen des Berufungsrichters von der Beklagten zu 2) gefaßt und durchgeführt worden sind. Es ist nicht der Weg der rein demoskopischen Meinungsbefragung (nach den Erl. Abs. 3 vor Ziff. 1 des § 13 der Satzung, s. oben) beschritten worden, wie es die Beklagte zu 2) in ihrem Schreiben vom 4. Oktober 1956 und in ihrer Erklärung zur Besprechung vom 8. Oktober 1956 darstellt. Wäre das geschehen, so würde das Vorliegen einer Kampfmaßnahme zu verneinen sein. Denn auf Grund einer solchen Meinungsbefragung darf nach der Satzung der Beklagten zu 1) § 13 Ziff. 4 Abs. 2 Satz 2 ein Streik nicht ausgerufen werden. Die Beklagten sind aber eindeutig und entschieden den in den Erl. Abs. 4 zu Ziff. 4 des § 13 der Satzung vorgesehenen Weg gegangen. Sie haben durch die maßgebenden Gremien beschlossen, der Mitgliedschaft zu empfehlen, „durch eine Urabstimmung sich für den Streik zu entschließen". Ist danach aus den Gesamtumständen zu ersehen, daß die Gewerkschaft den Mitgliedern die Abstimmung für die Ablehnung des Arbeitgeberangebots und für den Streik empfehlen will, und bringt sie dadurch gleichzeitig unmißverständlich zum Ausdruck, daß sie selbst zum Streik entschlossen ist, so liegt eine Kampfmaßnahme vor.

Aus dem vom Landesarbeitsgericht wiedergegebenen Abstimmungsflugblatt, das die Beklagte zu 2) herausgegeben hat, ergibt sich, daß die Gewerkschaft die Ablehnung des Arbeitgeberangebots ihren Mitgliedern in dringendster Form empfohlen hat. Nach den Feststellungen des Landesarbeitsgerichts berichtet das Flugblatt über den derzeitigen Vorschlag der Kläger zu den drei Kernforderungen. Danach wird gesagt: Die Urabstimmung müsse zu einer Demonstration der Stärke werden. Wer zu dem Verhandlungsergebnis „nein" sage, erkläre sich bereit, für die Durchsetzung der Forderungen in den Streik zu treten. Die Forderungen seien berechtigt und erfüllbar. Deshalb müsse der Stimmzettel so aussehen:

„Ich bin bereit, für die Verwirklichung der Forderungen der IG Metall in den Streik zu treten ☒

Ich bin für Annahme des Arbeitgeberangebotes ☐ "

Es war also für die Beklagten nach der Lebenserfahrung voraussehbar und von ihnen gerade beabsichtigt, daß die Urabstimmung das von ihnen gewünschte Ergebnis — Ablehnung des Angebots und Erklärung zur Streikbereitschaft — bringen sollte und würde. Dieses tatbestandlich festgestellte Flugblatt ist bei der Wertung des Beschlusses mit zu berücksichtigen. Von einer internen, neutralen Meinungsermittlung kann keine Rede sein. Dem entspricht es auch, daß sich die Beklagten von den Pressemeldungen vom 1. Oktober 1956, die offen von einer bevorstehenden Urabstimmung über den Streik sprechen, nicht distanziert haben, was sie bei der Zeitungsnotiz vom 6. August 1956 (vgl. oben im Tatbestand) durch ihr das Schreiben der Kläger vom 9. August 1956 beantwortendes Schreiben vom 11. August 1956 noch getan hatten.

3. Dieses Ergebnis macht den Gewerkschaften die nach ihrem demokratischen Aufbau notwendige interne Willensbildung durch Befragung der Mitglieder nicht unmöglich. Es behindert nicht das Recht der freien Meinungsäußerung im Rahmen der allgemeinen Gesetze und schafft keine Ungleichheit, weil es etwa bei den Arbeitgeberverbänden viel einfacher wäre, den Willen der Mitglieder zu ermitteln, und daher die Kampfparität nicht gewahrt werde. Die Urabstimmung der Arbeitnehmer und ihre Befragung werden keineswegs unmöglich gemacht oder auch nur unberechtigt erschwert. Die in den Erl. Abs. 3 vor Ziff. 1 des § 13 der Satzung vorgesehene (rein demokratisch demoskopische) Abstimmung ist jederzeit zulässig. Nur muß „ausdrücklich darauf hingewiesen werden, daß es sich bei dieser Abstimmung nicht um eine Streikabstimmung, sondern nur um Annahme oder Ablehnung des Verhandlungsergebnisses handelt". Es ist keine ungebührliche Forderung der Rechtsordnung, wenn angesichts

der durch Tarifvertrag oder Schlichtungsvereinbarung statuierten Friedenspflicht für eine beabsichtigte Urabstimmung nur verlangt wird, was die eigenen amtlichen Erläuterungen der Satzung der Gewerkschaft vorschreiben. Will die Gewerkschaft aber die Streikurabstimmung des Abs. 4 der Erl. zu Ziff. 4 des § 13 der Satzung beschließen, so wird von ihr gefordert, daß sie einen solchen Beschluß nicht während der Dauer der von ihr frei vereinbarten Friedenspflicht verlautbart oder seine Verlautbarung duldet. Im vorliegenden Fall brauchte sie nur in der Form des § 3 Abs. 2 der Schlichtungsvereinbarung das Scheitern der Verhandlungen zu erklären und dann die Fünf-Tagefrist einzuhalten. Dann war sie frei, die Streikurabstimmung zu beschließen. Es wird von der Gewerkschaft also nichts anderes verlangt, als ihr freiwillig gegebenes Wort zu halten. Ebensowenig wie Streikfreiheit, Freiheit der Meinungsäußerung und innere Meinungsbildung wird auch das Recht des Beschlusses und der Durchführung der Streikurabstimmung angetastet. Es wird nur durch die frei übernommene Friedenspflicht begrenzt, die der Erhaltung und Sicherung der freien sozialen Autonomie dient.

Von einer Verletzung des Gleichheitssatzes des Art. 3 GG kann ebensowenig die Rede sein wie von einer Beeinträchtigung der Kampfparität. Die Bestimmungen der Schlichtungsvereinbarung, die Arbeitskämpfe betreffen, gelten gleichmäßig für beide Sozialpartner. Die Auslegung dieses Tarifvertrages durch den Senat gilt für Streik wie für Aussperrung und trifft beiderseitige Beschlüsse, die den Kampf einleiten, wenn sie verlautbart werden oder wenn die Kampfparteien sie sich als verlautbart zurechnen lassen müssen. Ob die Arbeitgeberverbände wirklich ihre Kampfeinleitungsbeschlüsse „in der Stille" fassen können, während die Urabstimmung bei den Gewerkschaften nach der Natur der Sache verlautbart und vor der Öffentlichkeit durchgeführt werden muß, mag dahinstehen. Wenn es so ist, dann ist arbeitskampfrechtlich die verschiedene Behandlung nicht willkürlich, sondern berechtigt. Denn der „stille Beschluß" setzt eben den Gegner nicht unter den Druck des unmittelbar bevorstehenden Kampfes, er schafft keine Unruhe in den Betrieben. Wird aber die Befragung oder die Zustimmung der Mitglieder zur Aussperrung verlautbart oder muß sich der Arbeitgeberverband diese Handlungen nach außen gegenüber dem Partner als verlautbart zurechnen lassen, so gehen sie im Falle des Verstoßes gegen die Friedenspflicht genau so zu seinen Lasten, wie das bei der Streikabstimmung zu Lasten der Gewerkschaft der Fall ist. Selbst wenn das aber nicht allgemein zutreffen würde, so gilt es im vorliegenden Fall im Hinblick auf die bereits des näheren erörterte Vorschrift des § 6 Abs. 2 der Schlichtungsvereinbarung. Wird der Streikurabstimmungsbeschluß der Gewerkschaft arbeitskampfrechtlich privilegiert, so wie es im § 6 Abs. 2 Halbsatz 1 geschehen ist, so ist es nicht willkürlich oder sachfremd, wenn er andererseits im Sinne des § 6 Abs. 2 Halbsatz 2 als Kampfmaßnahme gegenüber dem Partner angesehen wird.

4. Das Landesarbeitsgericht hat für das Revisionsgericht bindend festgestellt, daß in dem Zeitpunkt, in dem die Beklagte zu 2 den nach den vorstehenden Feststellungen allein maßgeblichen Beschluß zur Urabstimmung faßte (29./30. September 1956) und ihn verlautbarte, jedenfalls als verlautbart sich zurechnen lassen muß, die Verhandlungen noch nicht gescheitert waren. Nach den Feststellungen des Landesarbeitsgerichts sind die Verhandlungen zwischen den Parteien nicht vor Eingang des Schreibens der Beklagten zu 2) vom 16. Oktober 1956 bei den Klägern als gescheitert anzusehen, also frühestens am 16. Oktober 1956.

Das Landesarbeitsgericht verweist in diesem Zusammenhang auf das Schreiben der Beklagten zu 2) vom 4. Oktober 1956, in dem sich diese „im übrigen" zu weiteren Verhandlungen bereit erklärt. Das kann sich nach dem Gesamtinhalt des Schreibens nicht auf den Lohntarif, von dem in Abs. 4 des Schreibens die Rede ist, sondern nur und ausschließlich auf die drei Kernforderungen der Beklagten beziehen und zeigt, daß zu diesem Zeitpunkt die Beklagte zu 2) selbst noch nicht der Ansicht gewesen sein kann, diese Verhandlungen seien gescheitert. Zum mindesten hatte sie bis dahin also nicht, wie es der hierfür maßgebliche § 3 Abs. 2 der Schlichtungsvereinbarung vorschreibt, die Verhandlungen als gescheitert bezeichnet oder sich geweigert, weiter zu verhandeln. Das ergibt sich auch daraus, daß die Beklagte zu 2) den Klägern gegenüber stets nur davon gesprochen hat, sie wolle ihre Mitglieder befragen, ob sie die Arbeitgeberangebote annehmen wollten. Solange eine solche Befragung noch nicht durchgeführt war, kann aber von einem Scheitern der Verhandlungen keine Rede sein; denn wenn die Verhandlungen gescheitert gewesen wären, wäre die Befragung sinnlos gewesen.

Das Landesarbeitsgericht verweist hierzu weiter auf die Äußerung der Beklagten zu 2) in dem Wahlflugblatt, nach dem die Verhandlungen „vorläufig" gescheitert seien. Auch darin sieht es ein Indiz für die Annahme, daß von einem endgültigen Scheitern der Verhandlungen im Sinne des § 3 Abs. 2 der Schlichtungsvereinbarung bereits am 28. September 1956 keine Rede sein könne. Darüber hinaus würdigt es die in zweiter Instanz durchgeführte Beweisaufnahme dahin, daß ein Scheitern der Verhandlungen nicht einmal für die — auf das Schreiben vom 4. Oktober 1956 als erste folgende — Sitzung vom 8. Oktober 1956 festgestellt werden könne. Diese Verhandlung war aber nach den Feststellungen des Landesarbeitsgerichts die letzte, die vor dem Schreiben der Beklagten zu 2) vom 16. Oktober 1956 stattgefunden hat, in dem erstmalig eine Erklärung nach § 3 Abs. 2 der Schlichtungsvereinbarung abgegeben wurde.

Was gegen diese Feststellungen und Schlüsse des Berufungsgerichts in der Revisionsbegründung angeführt wird, richtet sich gegen die Beweiswürdigung des Landesarbeitsgerichts und ist deshalb grundsätzlich unbeachtlich, weil diese als auf tatsächlichem Gebiet liegend der Nachprüfung durch das Revisionsgericht entzogen ist. Das gilt auch von dem Vorbringen der Beklagten in der Revisionsinstanz, daß die Beweiswürdigung des Landesarbeitsgerichts die Aussagen der Zeugen W. und R. falsch werte. Das Landesarbeitsgericht hat auf S. 19 seines Urteils zu den Aussagen dieser Zeugen ausdrücklich Stellung genommen. Wenn es nicht jeden einzelnen Satz dieser Aussagen wiederholt hat, so liegt darin noch kein Verstoß gegen § 286 ZPO (BAG 5, 221). Hinzu kommt, daß der Zeuge W. ausgesagt hat, in der Verhandlung vom 28. September 1956 habe er nicht ausdrücklich erklärt, daß er die Verhandlungen als gescheitert betrachte. Angesichts dessen unterliegt die Beweiswürdigung des Berufungsgerichts jedenfalls keinen rechtlichen Bedenken.

Zu Unrecht rügt die Revision in dieser Hinsicht weiter, das Landesarbeitsgericht habe es unter Verstoß gegen die §§ 286, 313 ZPO unterlassen, die Beweisanträge des Schriftsatzes der Beklagten vom 5. Oktober 1957 zu berücksichtigen. Die Revision übersieht, daß das Landesarbeitsgericht diesen Schriftsatz nicht als zum Gegenstand der Verhandlung in der Berufungsinstanz gemacht angesehen hat. Das Landesarbeitsgericht nimmt auf ihn n i c h t Bezug, und auch der Versuch der Beklagten, den Inhalt dieses Schriftsatzes nachträglich in den Prozeß einzuführen, ist gescheitert. Wie sich aus dem Beschluß des Berufungsgerichts vom 12. Dezember 1957 ergibt, mit dem der Antrag der Beklagten auf Berichtigung und Ergänzung des Tatbestandes abgelehnt ist, hat das Gericht zweiter Instanz diesen Vortrag der Beklagten als verspätet und deshalb unbeachtlich angesehen. Dazu war das Landesarbeitsgericht nach § 67 ArbGG befugt. Eine Nachprüfung dieses Beschlusses steht dem Revisionsgericht nicht zu.

Ohne Erfolg bleiben muß auch der Versuch der Revision, die Aussage des Zeugen W., daß die Verhandlungen bereits früher auf dem Nullpunkt angelangt gewesen seien, im Sinne eines Scheiterns der Verhandlungen bereits v o r dem 16. Oktober 1956 zu bewerten. Aus dieser Aussage folgt keineswegs schon das Scheitern der Verhandlungen. Die

Auslegung der Aussage des Zeugen W. durch das Landesarbeitsgericht ist vielmehr möglich und deshalb für das Revisionsgericht bindend. Ein Scheitern der Verhandlungen liegt nicht bereits dann vor, wenn die Auffassungen der Verhandlungspartner weit voneinander entfernt sind, sondern erst dann, wenn jede weitere Verhandlung ausgeschlossen ist. Der bereits erwähnte § 3 Abs. 2 der Schlichtungsvereinbarung ist maßgebend.

Entgegen dem Vortrag der Revision kann schließlich ein Scheitern der Verhandlungen schon im August oder Anfang September 1956 im Hinblick auf die Feststellungen des Landesarbeitsgerichts keinesfalls angenommen werden. Bereits aus dem Schreiben der Beklagten zu 2) vom 16. Oktober 1956 ergibt sich, daß diese Beklagte sich selbst nicht auf ein Scheitern der Verhandlungen in dieser Zeit berufen hat. Die Verhandlungen sind nach den Feststellungen des Landesarbeitsgerichts auch in der Zwischenzeit nicht abgerissen. Selbst wenn sie aber im August oder September zunächst zu einem Stillstand gekommen wären, so kann es darauf hier deshalb nicht ankommen, weil jedenfalls spätestens am 28. September 1956 weiter verhandelt worden ist — das Landesarbeitsgericht erwähnt in diesem Zusammenhang das Angebot der Kläger auf Grund der inzwischen in der Heizungsindustrie getroffenen Regelung — und sich unmittelbar an die Sitzung der beiden Sozialpartner an diesem 28. September die weiteren Ereignisse knüpfen, die diesem Rechtsstreit zugrunde liegen.

Greifen somit die prozessualen Rügen der Revisionsbegründung nicht durch, so ist g r u n d s ä t z l i c h folgendes festzustellen:

Der Begriff des „Scheiterns der Verhandlungen" ist für die Auslegung der Schlichtungsvereinbarung, für die Rechtslage der Tarifpartner hinsichtlich der Friedenspflicht und ihrer Dauer sowie für die Möglichkeit der Anrufung der Schlichtungsstelle von sehr erheblicher Bedeutung. Die praktische Erfahrung lehrt, daß angesichts des Hin und Her von Tarifverhandlungen, der vielfachen Unterbrechungen, des Auseinandergehens der Parteien ohne oder mit Absprache eines neuen Verhandlungstermins, der nachträglichen Vereinbarung von neuen Konferenzen, der vielfach auftretenden Mißverständnisse usw. der exakte Zeitpunkt des „Scheiterns der Verhandlungen", der „endgültigen Nichtverständigung" häufig schwer zu ermitteln ist. Der Streit der Parteien, die Beweisaufnahme des Vorderrichters, das Vorbringen der Revision beweisen auch im vorliegenden Rechtsstreit die sich aus der Natur der Sache ergebende Unsicherheit, die nur durch eine ganz klare Fixierung des maßgebenden Zeitpunkts beseitigt werden kann. Dieses Erfordernis ist aber den Parteien der Schlichtungsvereinbarung offensichtlich bewußt gewesen. Deshalb legt auch

Brenner a. a. O. S. 232 den Beginn der Fünf-Tagefrist mit Recht auf den Zeitpunkt des „offiziellen" Scheiterns der Verhandlungen, und die Parteien der Schlichtungsvereinbarung haben offensichtlich aus diesem Grunde die klare und eindeutige, Streit nach Möglichkeit ausschließende Formulierung des § 3 Abs. 2 gewählt:

> „Die Verhandlungen gelten als gescheitert, wenn eine Vertragspartei dies der anderen Vertragspartei gegenüber erklärt oder eine Vertragspartei es ablehnt, weiter zu verhandeln."

Dieser § 3 Abs. 2 muß e r n s t genommen werden und in der Frage, wann die Verhandlungen gescheitert sind, ausschließlich gelten, wenn nicht der Rechtsunsicherheit Tür und Tor geöffnet werden soll. Das bedeutet, daß die Verhandlungen eben wirklich erst dann und nur dann gescheitert sind, wenn eine Partei der anderen gegenüber eine entsprechende klare, eindeutige Erklärung der einen oder der anderen in § 3 Abs. 2 genannten Art abgibt, die dem anderen Partner zugehen muß. Nur eine strenge Auslegung des § 3 Abs. 2 ist im Interesse b e i d e r Parteien gerechtfertigt. Daher kann mit dem Landesarbeitsgericht das Scheitern der Verhandlungen erst für den 16. Oktober 1956 festgestellt werden.

Dann ergibt sich aber die Verletzung der Friedenspflicht schon daraus, daß nicht nur der Beschluß über die Urabstimmung (29./30. September 1956) gefaßt, sondern die Abstimmung selbst (11./12. Oktober 1956) erfolgt ist zu einem Zeitpunkt, in dem die Verhandlungen noch nicht gescheitert waren.

Das würde im Hinblick auf die Fünf-Tagefrist sogar dann gelten, wenn man entgegen dem angefochtenen Urteil als für das Scheitern der Verhandlung maßgeblich nicht das Schreiben der Beklagten zu 2) vom 16. Oktober 1956, sondern bereits die Verhandlung vom 8. Oktober 1956 ansehen wollte, was nach dem Vorstehenden jedoch unrichtig wäre.

§ 3 Abs. 2 bezieht sich — was ausdrücklich bemerkt sei — nicht etwa auf das Scheitern des Schlichtungsverfahrens, sondern auf das Scheitern der freien Verhandlungen über einen Tarifvertrag. Der Fall des § 3 Abs. 2 liegt aber für den Tag, über den der Zeuge W. ausgesagt hat (28. September 1956), nicht vor. Hatte doch die Beklagte zu 2) noch im Schreiben vom 4. Oktober 1956, in dem sie auch ihre Bereitschaft zu weiteren Verhandlungen über die strittigen Fragen erklärte, und in ihrer Erklärung zur Verhandlung vom 8. Oktober 1956 lediglich von einer Meinungsbefragung ihrer Mitglieder (etwa im Sinne der Erläuterung Abs. 3 vor § 13 Ziff. 1 der Satzung) gesprochen, ohne etwas davon zu erwähnen, daß es sich um eine Streikurabstimmung handelte, bei der sie selbst die Abstimmung f ü r den Streik ihren Mitgliedern empfehlen würde. Auch in der Sitzung vom 28. September 1956 hatte sie nach den Feststellungen des Berufungsgerichts den Klägern gegenüber nicht davon gesprochen, daß eine solche Streikabstimmung beabsichtigt war.

Selbst wenn aber die Beklagten mit ihrer Behauptung vom Scheitern der Verhandlungen vor dem 16. Oktober 1956 recht hätten, wovon der Senat angesichts der obigen Feststellungen und im Hinblick auf § 3 Abs. 2 der Schlichtungsvereinbarung nicht ausgehen kann, so wären diese frühestens in der Verhandlung vom 28. September 1956 gescheitert. Die Beklagten haben im Schreiben vom 16. Oktober 1956 selbst den frühest möglichen Zeitpunkt des Scheiterns der Verhandlungen mit dem 28. September 1956 angegeben. Würde man von diesem Zeitpunkt ab rechnen, so war am Tage der Verlautbarung (1. Oktober 1956) oder Duldung der Verlautbarung des Beschlusses zur Urabstimmung die Fünf-Tagefrist noch nicht abgelaufen. Die Verletzung der Friedenspflicht wäre auch dann gegeben. Das gleiche gilt, wenn man in dem Urabstimmungsbeschluß selbst oder in seiner nach den Feststellungen des Landesarbeitsgerichts am 1. Oktober 1956 erfolgten Verlautbarung eine Erklärung an die Gegenseite über das Scheitern der Verhandlungen sehen würde, was der Senat gleichfalls verneint. Erst diese Maßnahmen würden die Fünf-Tagefrist im übrigen in Gang setzen.

IV.

1. Liegt somit objektiv ein Verstoß gegen die Friedenspflicht und damit eine Vertragsverletzung vor, so ist weitere Voraussetzung der Haftung aus Vertragsverletzung, daß die Beklagten schuldhaft gehandelt haben (vgl. Hueck-Nipperdey, a. a. O., S. 239 Anm. 28 a).

Unstreitig haben sie den Urabstimmungsbeschluß vorsätzlich gefaßt und auf seiner Grundlage den Streikbefehl vorsätzlich erteilt. Die Beklagten können sich zum Ausschluß ihres Verschuldens nicht darauf berufen, daß sie die Rechtslage unrichtig beurteilt hätten, indem sie etwa das Bestehen einer Friedenspflicht verkannt oder aber den Beschluß über die Urabstimmung oder die Veranstaltung der Urabstimmung nicht als Kampfmaßnahme angesehen hätten. Hierin könnte höchstens ein Rechtsirrtum gesehen werden. Dieser war aber für die Beklagten vermeidbar. Die Beklagten als bedeutende Gewerkschaften mußten im Hinblick auch auf die Folgen des Streiks für die gesamte Wirtschaft und das soziale Leben sorgfältig prüfen, ob ihr Verhalten mit den Regeln der Schlichtungsvereinbarung, also mit dem von ihnen geschlossenen Vertrag und damit mit der Rechtsordnung, vereinbar war. Nach § 13 Ziff. 4 Abs. 3 der Satzung hat vor der Abstimmung der Vertreter des Vorstandes auf die gesetzlichen Bestimmungen über eventuellen Tarif- oder Vertragsbruch und auf die für die Durchführung und Unterstützung des Streiks geltenden Bestimmungen der Satzung hinzuweisen. Auch in den Erläuterungen Abs. 13 zu Ziff. 4 des § 13 ist dieses Erfordernis (z. B. für die Bezirksleiter) nochmals wiederholt. Diese im Innenverhältnis geltende Bestimmung (vgl. dazu Bötticher, BB 1957, 621, aber auch Brandner, BB 1957, 1281) gibt nur das wieder, was auch im Außenverhältnis für die Prüfung der Vertragswidrigkeit im Hinblick auf das Verschulden verlangt werden muß (vgl. auch die Richtlinien des DGB zur Führung von Arbeitskämpfen vom Oktober 1949, RdA 1950, 71, § 1 Abs. 2 und 3; Hueck-Nipperdey II, 629 f.). Eine sorgfältige Prüfung in dieser Hinsicht setzt ein Abwägen des Für und Wider voraus. Insofern haben aber die Beklagten, wie der Senat nach den ganzen Umständen feststellen muß, die ihnen obliegenden Pflichten nicht erfüllt.

Wer einen Arbeitskampf entfesselt, muß damit rechnen, daß die von ihm vertretene Rechtsauffassung nicht zutrifft. Wird er gleichwohl aktiv, so muß er das Risiko tragen. Das gilt namentlich dann, wenn im Hinblick auf Umfang und Auswirkungen des Arbeitskampfes dieses Risiko besonders groß ist. Zu einer solchen Abwägung mußte den Beklagten in ihrer Stellung als in der Rechts- und Wirtschaftsordnung anerkannten Sozialpartnern — eine Stellung, die nicht nur Rechte, sondern auch Verantwortung mit sich bringt — insbesondere die ausdrückliche Erklärung der Kläger Anlaß geben, nach der diese die getroffenen Maßnahmen als mit dem Schlichtungsabkommen unvereinbar bezeichneten und die Geltendmachung von Schadenersatzansprüchen ankündigten (Schreiben vom 10. Oktober 1956). Die Beklagten haben dieses Schreiben unbeachtet gelassen und damit bewußt das Risiko für die Folgen ihrer Maßnahmen auf sich genommen. Sie haben sonach schuldhaft gehandelt und haften für den dadurch eingetretenen Schaden (§§ 276, 278 BGB). Aus der Rechtsprechung vgl. RGZ 73, 337; 84, 194; 110, 17; 119, 268; 130, 28; RAG ARS 5, 224; 6, 269; 7, 533; 8, 231; 10, 252; 11, 391; Hueck-Nipperdey II S. 519/521.

2. Soweit in dem Vorbringen der Beklagten ein Hinweis auf § 254 BGB, also auf mitwirkendes Verschulden, zu sehen sein sollte, vermag auch das die Schadenersatzpflicht der Beklagten nicht auszuschließen oder der Höhe nach zu beschränken. Weder § 254 Abs. 1 noch § 254 Abs. 2 kommen zum Zuge. Dabei ist zunächst zu betonen, daß auch hier tatbestandlich nur solche Umstände in Frage kommen, die der Vorderrichter festgestellt hat. Richtig ist, daß die Kläger weder die Schlichtungsstelle angerufen noch versucht haben, durch Antrag auf Erlaß einer

einstweiligen Verfügung die weiteren Kampfmaßnahmen zu verhindern. Darin liegt aber kein mitwirkendes Verschulden auf ihrer Seite.

Zunächst ist darauf hinzuweisen, daß es sich um eine fakultative Schlichtungsstelle handelt. Über die volle Freiwilligkeit der Anrufung für beide Seiten ist oben II 5 b bereits das Erforderliche gesagt. Im übrigen konnten die Kläger die Schlichtungsstelle solange nicht anrufen, wie die Verhandlungen nicht gescheitert waren. Wenn sie also auf die von der Beklagten getroffenen Maßnahmen hin die Schlichtungsstelle hätten anrufen wollen, hätten sie ihrer gesamten Einstellung zuwider vortragen müssen, die Verhandlungen seien bereits gescheitert. Den Klägern konnte die Anrufung aber schließlich auch deshalb nicht zugemutet werden, weil infolge der bereits eingeleiteten Maßnahmen der Beklagten die Verhandlungen der Schlichtungsstelle unter einem massiven Druck gestanden haben würden. Sie hätten sogar damit zugegeben, daß sie sich mit ihrer — nach Vorstehendem rechtlich zutreffenden — Ansicht nicht sicher fühlten, und dadurch ein Eingeständnis ihrer Schwäche gegeben (vgl. auch Brenner, a. a. O.). Das aber war ihnen um so weniger zuzumuten, als sie die Beklagte zu 2) auf die drohenden Schadenersatzansprüche ausdrücklich hingewiesen hatten.

Die Beklagten berufen sich darauf, daß der durch die Streikdrohung hervorgerufene Druck jedenfalls dadurch in Fortfall gekommen wäre, daß ihr Erster Vorsitzender am 15. oder 16. Oktober 1956 — als übrigens die Urabstimmung über den Streik bereits erfolgt war — den Klägern die bindende Zusage gemacht habe, die Beklagten würden sich gemäß der Schlichtungsvereinbarung verhalten, falls die Kläger ihrerseits die Schlichtungsstelle anrufen würden. Dieser Vortrag der Beklagten kann jedoch in der Revisionsinstanz nicht mehr berücksichtigt werden. Er ist nicht Gegenstand der vom Landesarbeitsgericht getroffenen Feststellungen oder der von ihm im Tatbestand des angefochtenen Urteils angeführten Parteibehauptungen. Auch insofern ist der Versuch der Beklagten, dieses Parteivorbringen noch nach Abschluß der Berufungsinstanz in den Prozeß einzuführen, gescheitert. Das Landesarbeitsgericht hat den entsprechenden Berichtigungs- und Ergänzungsantrag der Beklagten zurückgewiesen. Das Revisionsgericht hat rechtlich keine Möglichkeit, die Richtigkeit dieses Beschlusses nachzuprüfen.

Daraus ergibt sich weiter, daß die auf § 139 ZPO gestützte Prozeßrüge der Revision unbegründet ist, nach der das Landesarbeitsgericht eine Befragung dahin unterlassen haben soll, daß diese Zusage des Ersten Vorsitzenden der Beklagten in bindender Form abgegeben sei. Zu einer solchen Befragung bestand aber auch hinsichtlich der in dritter Instanz erstmalig aufgestellten, deshalb unbeachtlichen, durch das Schreiben der Kläger vom 10. Oktober 1956 (Benennung der Beisitzer für die Schlichtungsstelle) übrigens bereits widerlegten Behauptung der Beklagten kein Anlaß, nach der die Kläger von vornherein niemals die Absicht gehabt hätten, die Schlichtungsstelle anzurufen.

Auch das Anrufen des Gerichts zur Herbeiführung einer einstweiligen Verfügung war den Klägern nicht zuzumuten, nachdem sie im Schreiben vom 10. Oktober 1956 gegebenenfalls Schadenersatzforderungen angedroht hatten. Die Beklagten, die ihrerseits angriffsweise zum Arbeitskampf geschritten sind, können sich gegenüber dem Schadenersatzanspruch der Kläger nach Treu und Glauben nicht darauf berufen, daß die Kläger ihnen nicht durch die Herbeiführung einer einstweiligen Verfügung gegen die Durchführung der Abstimmung oder des Streiks die Fortsetzung des Kampfes unmöglich gemacht hätten, einer Sperre, gegen die sie sich selbst als unbegründet wenden. Jedenfalls kann von einem Verstoß der Kläger gegen Treu und Glauben in dieser Richtung keine Rede sein.

V.

Die Beklagten können sich schließlich nicht darauf berufen, daß der Schaden nicht durch den Urabstimmungsbeschluß oder die Urabstimmung, sondern nur durch die Ausrufung des Streiks am 23. Oktober und den Streik vom 24. Oktober 1956 bis 14. Februar 1957 entstanden sei. Sie können auch nicht geltend machen, diese späteren Handlungen fielen gemäß § 6 Abs. 2 Halbsatz 2 nicht mehr unter eine Friedenspflicht. Sie können schließlich nicht einwenden, daß der Streik, und zwar als legitimer Streik, auch dann durchgeführt worden wäre und den Schaden verursacht hätte, wenn sie sich gemäß der Schlichtungsvereinbarung verhalten hätten.

1. Der erste Einwand zielt darauf, daß die Kausalität fehle. Der haftungsbegründende Tatbestand der Vertragsverletzung (hier der Friedenspflichtverletzung durch den vertragswidrigen Urabstimmungsbeschluß und die vertragswidrige Veranstaltung der Urabstimmung selbst) macht die Beklagten verantwortlich für den „a u s" der schuldhaften Pflichtverletzung „entstehenden Schaden". Das rechtswidrige (hier vertragswidrige) Verhalten muß die Ursache des Schadens sein. Ursächlich sind solche Bedingungen, die generell geeignet — oder besser negativ formuliert: generell nicht ungeeignet — sind, unter den gegebenen Umständen nach der allgemeinen Lebenserfahrung einen Erfolg dieser Art herbeizuführen. Nur dann kann den Handelnden die Rechtsfolge der Haftung treffen, nur dann ist der Schaden dem Handelnden zuzurechnen. Die

Bedingungen müssen dem Erfolg adäquat (angemessen) sein: Adäquanztheorie (allgemeine Meinung; statt vieler vgl. Esser, Schuldrecht, 1949 S. 91; Enneccerus-Lehmann, Schuldrecht 1958 § 15; RGZ 81, 361; 104, 142; 133, 127; 152, 401; 155, 41; 169, 91; BGH NJW 52, 1010; BGHZ 7, 198). Dabei ist es unerheblich, ob das in Rede stehende Verhalten die einzige Ursache oder eine Mitursache war und ob es den Schaden unmittelbar oder mittelbar verursacht hat. Es genügt also das Setzen einer Bedingung, die nicht selbst den Erfolg herbeiführt, aber eine weitere adäquate den Schaden unmittelbar nach sich ziehende Bedingung auslöst. Wenn der Erfolg erst durch ein zweites hinzukommendes Ereignis möglich wurde, so ist die erste Ursache nur dann rechtlich unerheblich, wenn das zweite Ereignis den Erfolg auch allein herbeigeführt hätte und wenn es außerdem von dem ersten ganz unabhängig eingetreten ist (so mit Recht Esser, a. a. O., S. 93; ebenso Lehmann, S. 65, 68 ff.; A. Blomeyer, Allg. Schuldrecht, § 32 II 3 u. a.).

Wendet man diese anerkannten Grundsätze des adäquaten Kausalzusammenhangs nach der hier maßgebenden freien Beweisregel des § 287 ZPO (vgl. BGHZ 2, 140; 4, 196; 6, 62 u. a.) auf die vertragswidrigen Handlungen der Beklagten an, so ergibt sich, daß der mit der Klage geltend gemachte Streikschaden durch den Beschluß über die Urabstimmung mitverursacht ist. Nicht nur die Urabstimmung, in der eine Mehrheit von etwa 88 % für den Streik erzielt wurde, sondern bereits ihre Anordnung, ohne die es nicht zur Urabstimmung kommen konnte, sind adäquate Bedingungen für die Streikanordnung und für den Streik selbst und damit für den gesamten durch ihn entstandenen Schaden. Denn der tarifwidrige Beschluß zur Streikurabstimmung, d. h. die Empfehlung der Ablehnung des Arbeitgeberangebots und der Stimmabgabe für den Streik, war nicht etwa seiner allgemeinen Natur nach für die Entstehung des Streikschadens gleichgültig (indifferent), er wurde nicht nur infolge besonderer außergewöhnlicher Umstände zur Bedingung des Schadens, sondern er mußte sogar — wie oben bereits dargelegt — generell, erfahrungsgemäß zum Streikausruf führen und hat zu ihm geführt. Der Streik ist nicht unabhängig von der Urabstimmung ausgerufen worden, sondern abhängig von ihr, da die Gewerkschaft nach ihrer Satzung den Streikbefehl ohne die Urabstimmung und die bei ihr erzielte 3/4-Mehrheit für den Kampf, letztlich also ohne den Abstimmungsbeschluß, gar nicht erlassen durfte und auch nicht erlassen hätte. Der tarifwidrige Beschluß war somit keine gleichgültige, rechtlich bedeutungslose Vorbedingung gegenüber dem Streikbefehl, sondern eine unbedingt notwendige, adäquate, von der Beklagten gesetzte Ursache des Schadens.

2. Die Beklagten können sich schon nach dem Gesagten nicht darauf berufen, der Streikausruf selbst am 23. Oktober 1956 falle gemäß § 6 Abs. 2 Halbsatz 2 nicht mehr unter eine Friedenspflicht und sei daher nicht vertragswidrig.

Ein unzulässig, weil wie hier tarifwidrig eingeleiteter Arbeitskampf bleibt auch nach Scheitern der Verhandlungen und Ablauf der Fünf-Tagefrist und damit nach Wegfall der Friedenspflicht unzulässig. Er kann nicht etwa von dem Tage an, an dem die Frist abgelaufen ist, als nunmehr zulässiger Arbeitskampf angesehen werden. Eine spätere Heilung tritt nicht ein. Es wäre deshalb verfehlt, den insgesamt entstandenen Schaden in einen Schaden, der vor dem Scheitern der Verhandlungen und vor Ablauf der Fünf-Tagefrist, und einen solchen, der nach Ablauf der Frist entstanden ist, zu teilen. Der Anspruch auf Ersatz des Schadens als solchen ist im Hinblick auf die tarifwidrige Einleitung des Arbeitskampfes durch den tarifwidrigen Streikurabstimmungsbeschluß begründet, der den Streik adäquat mitverursacht hat. Wollte man das ablehnen, so hätte die Regelung des § 6 Abs. 2 letzter Halbsatz der Schlichtungsvereinbarung kaum praktische Bedeutung. Ein nachweisbarer Schaden würde dann vielfach nicht gegeben sein. Der Versuchung, sich nicht an die freiwillig eingegangene Verpflichtung zu halten, wäre Tür und Tor geöffnet, da eine wirkliche und bedeutsame Sanktion fehlen würde. Die Kläger und ihre Mitglieder haben deshalb einen Anspruch auf Ersatz des Schadens schlechthin; denn der durch den unzulässigen Urabstimmungsbeschluß eingeleitete Streik ist eine einheitliche Handlung, und er kann deshalb auch hinsichtlich seiner Folgen nur einheitlich gewürdigt werden.

Die Lage ist hier die gleiche wie beim normalen Tarifvertrag. Wenn eine Gewerkschaft einen Streik zwei Wochen vor Ablauf eines Tarifvertrages beginnt und über den Ablauf hinaus fortsetzt, um eine Verbesserung der Arbeitsbedingungen im künftigen Tarifvertrag durchzusetzen, so ist hierin ein Verstoß gegen die Friedenspflicht zu sehen (Hueck-Nipperdey, a. a. O., S. 239 mit Angaben). In einem solchen Fall kann die Gewerkschaft nicht geltend machen, daß sie den unzulässig begonnenen Streik vom Ablauf des Tarifvertrages ab wegen Wegfalls der Friedenspflicht zulässigerweise fortgesetzt hat. Denn auch hier gilt der Satz, daß der gesamte Streik eine einheitliche Kampfhandlung ist. Er muß somit danach beurteilt werden, ob er rechtmäßig oder rechtswidrig eingeleitet wurde.

Die Richtigkeit dieses Ergebnisses wird besonders deutlich, wenn man sich das Kampfmittel des anderen Sozialpartners, des Arbeitsgebers, also die Aussperrung, bei gleicher Rechtslage vergegenwärtigt. Würde der Arbeitgeber, um in einem künftigen Tarifvertrag niedrigere Löhne herbeizuführen, schon während der Laufdauer des geltenden Tarifvertrages aussperren, sei es kollektiv suspendieren oder die Arbeitsverträge kollektiv lösen, und diese Maßnahme nach Tarifablauf mangels Nachgebens der Gewerkschaft aufrecht erhalten, so behalten die Arbeitnehmer im Hinblick auf den Verstoß gegen die Friedenspflicht ihren Lohnanspruch nicht nur bis zum Ablauf des Tarifs, sondern auch darüber hinaus.

Die Vertragsparteien haben in ihrer freiwilligen Schlichtungsvereinbarung klar erkennbar ein Unterbleiben der Einleitung von Arbeitskämpfen schlechthin für die Zeit der freien Verhandlungen und weiterer fünf Tage nach deren Scheitern vereinbart. Nach dem Sinn des Vertrages ist die Unzulässigkeit des gegen diese Friedenspflicht eingeleiteten Arbeitskampfes eine definitive, keine bloße vorübergehende. Daher ist und bleibt der einmal unzulässig eingeleitete Kampf unzulässig, so daß seine weitere Durchführung auch nach Ablauf der Frist gegen die Friedenspflicht verstieß und nicht etwa nun in einem vertragsfreien Raum zulässig wurde. Nur wenn der tarifwidrig handelnde Initiator des Arbeitskampfes riskierte, daß er auch nach dem wirklichen Scheitern der Verhandlungen und nach Ablauf der fünf Tage noch haftbar gemacht werden konnte, nur wenn er den Ersatz des durch die vertragswidrige Maßnahme verursachten Gesamtschadens erwarten mußte, konnte eine genügende Sicherung der Vertragstreue erreicht werden.

Es kommt aber im vorliegenden Rechtsstreit noch folgendes hinzu:

Der Senat hat bereits auf die Bedeutung des Balanceverhältnisses zwischen § 6 Abs. 2 Halbsatz 1 und Halbsatz 2 hingewiesen. Es wurde festgestellt, daß der n a c h dem Ablauf der Fünf-Tagefrist vor Anrufung der Schlichtungsstelle gefaßte Streikurabstimmungsbeschluß nicht nur selbst zulässig ist, sondern daß auch alle ihm folgenden Maßnahmen (Abstimmungsveranstaltung, Streikbeschluß, Streikdurchführung) zulässig sind. Die Zulässigkeit der entscheidenden E i n l e i t u n g s handlung des Arbeitskampfes, eben des Streikurabstimmungsbeschlusses, gibt also nach § 6 Abs. 2 Halbsatz 1 der Schlichtungsvereinbarung den weiteren sich anschließenden Aktionen das Gepräge der R e c h t m ä ß i g k e i t (jedenfalls solange nicht eine neue Friedenspflicht eingreift). Dann muß aber auch u m g e k e h r t aus § 6 Abs. 2 Halbsatz 2, der zu Halbsatz 1 im Verhältnis gegenseitig gewährter Zugeständnisse steht, geschlossen werden, daß die Einleitung des Arbeitskampfes durch Anordnung der Streikurabstimmung v o r dem Scheitern der Verhandlungen oder v o r dem Ablauf der Fünf-

Tagefrist nicht nur selbst tarifwidrig und daher unzulässig ist, sondern auch die folgenden Handlungen des Arbeitskampfes unzulässig macht. Der Abstimmungsbeschluß durfte nicht durchgeführt werden, und der Streikbefehl auf Grund der unzulässigen Abstimmung durfte nicht ergehen. Daher sind auch der Streikbefehl und die Streikdurchführung selbst tarifwidrig und somit unzulässig.

3. Hiernach ist auch der Einwand der überholenden Kausalität nicht gerechtfertigt. Der Senat hatte keine Veranlassung, dieses Problem hier abschließend zu beurteilen. Er verweist namentlich auf die Entscheidungen des Bundesgerichtshofs BGHZ 10, 6 ff. und 20, 275 ff. (mit weiteren Angaben über die Rechtspr.), weiter auf Niederländer AcP 153, 41 ff., 472; G. Hueck, JR 1953, 404; Knappe, Das Problem der überholenden Kausalität (1954); Larenz, NJW 1950, 487; Coing, SJZ 1950, 865; R. Schmidt, AcP 152, 153; Nipperdey, Die Ersatzansprüche für die Schäden, die durch den von den Gewerkschaften gegen das geplante Betriebsverfassungsgesetz geführten Zeitungsstreik vom 27.—29. Mai 1952 entstanden sind (1953), S. 57 ff.; OGHZ 1, 308 ff.

Das Problem ist durch die Fragestellung gekennzeichnet, ob und inwieweit jemand, der einen haftungsbegründenden Tatbestand — z. B. positive Vertragsverletzung, unerlaubte Handlung — gesetzt hat (realer Haftungstatbestand), für den dadurch verursachten Schaden haftet, wenn ohne das Setzen eines solchen Tatbestandes ein anderes Ereignis mit Sicherheit den Schaden — ganz oder teilweise — ebenfalls verursacht hätte (hypothetischer Sachverhalt). Daß ein hypothetischer Sachverhalt die Schadenshaftung desjenigen, der einen für den Schaden ursächlichen realen Haftungstatbestand gesetzt hat, ausschließt oder mindert, wurde bis vor einiger Zeit überwiegend abgelehnt, insbesondere durch die Rechtsprechung des Reichsgerichts (RGZ 141, 365 ff.; 144, 80 [84]; 348 [353]; 169, 117 [120]). Man ging davon aus, daß dann, wenn die reale Schadenshandlung den Schaden verursacht hat, bevor dieser durch andere Umstände eintreten konnte, der Ersatzanspruch bereits entstanden ist und nicht hinterher wieder fortfällt. Die neuere Rechtsprechung und Rechtslehre haben bisher vor allem drei Fallgruppen erörtert, in denen der hypothetische Tatbestand entweder von einem Dritten oder von dem Geschädigten selbst ausging oder ein Zufallsereignis war. Der Fall jedoch, wie ihn hier die Beklagten geprüft wissen wollen, daß sich derjenige, der den realen Haftungstatbestand selbst setzte, für einen Haftungsausschluß oder für eine Haftungsminderung darauf beruft, daß er selbst ohne den von ihm gesetzten realen Haftungstatbestand (hier schuldhafte Verletzung der Friedenspflicht) den Schaden auch hätte verursachen können, ohne ersatzpflichtig zu sein (hier: angeblich legitimer Streik nach Ablauf der Friedenspflicht), wird im Grunde kaum erörtert (s. aber OGHZ 1, 308). Die maßgebenden Entscheidungen des Bundesgerichtshofs (BGHZ 10, 6 und 20, 275) stellen hinsichtlich der Reserveursache auf Umstände ab, die schon zur Zeit des schädigenden Ereignisses in der Person oder Sphäre des Geschädigten, nicht des Schädigers vorhanden waren. Die erwähnten drei Fallgruppen sind dadurch gekennzeichnet, daß bei ihnen das Prinzip der Gewährleistung der Vertragstreue und (oder) des Rechtsfriedens durch eine unter allen Umständen eintretende Haftung für den durch Setzen eines realen Haftungstatbestandes entstandenen Schaden (Sanktion) mit dem reinen Ausgleichsprinzip (Restitutionsprinzip) konkurriert. Ein Teil der neueren Lehre und Rechtsprechung, in sich vielfach gespalten und keineswegs unangefochten, neigt dazu, dem Ausgleichsprinzip in solchen Fällen den Vorrang zu geben. Sie läßt daher u. U. gewisse hypothetische Ursachen die Schadenersatzpflicht desjenigen aufheben oder mindern, der den realen Haftungstatbestand gesetzt hat.

Wenn dagegen in Rede steht, ob derjenige, der selbst einen realen Haftungstatbestand gesetzt hat, sich darauf berufen kann, daß er u. U. den Schaden auch legal und dann ohne Ersatzpflicht hätte verursachen können, muß jedenfalls bei Vertragsverletzung im Interesse der Vertragstreue, die ein oberster Grundsatz unserer Rechtsordnung ist, das Prinzip der zivilrechtlichen Prävention (Schutzfunktion, Sanktionsfunktion) den Vorrang haben. Andere sprechen mit Recht vom Verantwortungsgedanken, vom Verhütungszweck. Wenn der Gesetzgeber dem Verschulden im haftungsbegründenden Tatbestand ausschlaggebende Bedeutung beimißt, geht er von der Vorstellung aus, daß dem Appell an den Willen, verantwortlich zu handeln, für den Bestand der Ordnung des Zusammenlebens der Menschen entscheidende Bedeutung zukommt (vgl. dazu Heck, Schuldrecht (1929) S. 41; Wilburg, Die Elemente des Schadensrechts (1941) S. 51; de Boor, Bürgerl. Recht (1949) S. 108, 156; Neuner, AcP 133, 303; Coing, SJZ 1950, 871; Boehmer, Grundlagen der Bürgerlichen Rechtsordnung I (1950) S. 19; Michaelis, Beiträge zur Gliederung und Weiterbildung des Schadensrechts (1943) S. 59; Knappe, a. a. O., S. 103 ff.; Albert A. Ehrenzweig, Die Schuldhaftung im Schadensersatzrecht, S. 4; Esser, Schuldrecht, S. 69).

Das gilt auch für die Vereinbarung einer Friedenspflicht. Es ergibt sich aus der Funktion, die die Friedenspflicht haben soll. Streik und Aussperrung als kollektive Kampfmaßnahmen haben schwerwiegende Folgen für die Gesamtheit und die beteiligten Kreise des Arbeitslebens. Diese

Folgen sollen durch die frei vereinbarte Friedenspflicht im Rahmen des Möglichen vermieden werden. Die Verpflichtung hat nicht nur zum Inhalt, für ihre Dauer keine Arbeitskampfmaßnahmen einzuleiten, mit der einzigen Folge, daß nur der „Verfrühungsschaden", d. h. der Schaden aus der zu frühen Kampfeinleitung zu ersetzen ist. Vielmehr ist der Bruch der Friedenspflicht angesichts ihrer gar nicht hoch genug einzuschätzenden Bedeutung für das Arbeitsleben und das öffentliche Leben der Gemeinschaft überhaupt mit dem schweren Risiko der Pflicht zum Ersatz des gesamten aus der Vertragsverletzung entstandenen Schadens verbunden.

Im Arbeitskampfrecht würde die Verletzung der Friedenspflicht entgegen ihren von den Parteien mit in Kauf genommenen Folgen praktisch weitgehend sanktionslos sein, wenn man sich zur Berücksichtigung eines möglichen späteren, und zwar dann angeblich zulässigen Streiks als Reserveursache herbeiließe. Das hat der Senat bereits in seiner Entscheidung vom 8. Februar 1957, 1 AZR 169/55 (BAG 3, 280), ausgesprochen. Das gilt gerade auch dann, wenn es sich um die Verletzung eines Tarifvertrages handelt, der die Verpflichtung enthält, an sich erlaubte Kampfhandlungen während einer gewissen Zeit zu unterlassen.

Diese Verträge sind dadurch charakterisiert, daß von vornherein feststeht, daß die während desVertrages unzulässige Handlung nach Ablauf der Vertragsdauer oder einer im Vertrag bestimmten Zeit wieder freisteht. Diese besondere vertragliche Abmachung wäre sinn- und zwecklos, wenn der Verletzer des Vertrages sich damit rechtfertigen könnte, er hätte die vorgeworfene Handlung später vornehmen dürfen.

Die angebliche Reserveursache ist in Fällen der vorliegenden Art nicht ein zufälliges, von den Partnern gar nicht in Betracht gezogenes Ereignis oder die Handlung eines Dritten (vgl. oben). Sie ist vielmehr gerade *die* Handlung, die nach dem Vertrag während einer gewissen Dauer unterlassen werden muß, während sie nachher wieder freisteht. Wer sich auf diese Reserveursache beruft, verlangt nicht im Hinblick auf die neuere Rechtsprechung mit Recht zu seiner Entlastung die Berücksichtigung einer besonderen nicht voraussehbaren Lage, sondern er will zu Unrecht die Folgen seiner Vertragsverletzung deshalb nicht tragen, weil er später entsprechend hätte handeln dürfen. Den Vertragsparteien kann aber der Wille, etwas Derartiges durch die Schlichtungsvereinbarung zu ermöglichen, nicht unterstellt werden. Sie wollten vielmehr die unzulässigen Handlungen ohne Rücksicht auf die spätere Freiheit des Handelns unter Sanktion stellen.

Der Fall kann hier nicht anders beurteilt werden als der des Vorliegens eines Stillhalteabkommens. In einem solchen Fall hat bereits das Reichsgericht (HRR 35, 1008) die Berufung darauf abgelehnt, daß es der einen Partei erlaubt gewesen sei, nach Ablauf der Stillhaltezeit die gleiche Maßnahme zu treffen, durch die die nämlichen Folgen eingetreten wären.

Es kommt hinzu: Eine hypothetische Ursache könnte nur dann überhaupt in Betracht gezogen werden, wenn sie mit Sicherheit oder mit einer an Sicherheit grenzenden Wahrscheinlichkeit eingetreten wäre. Schon daran fehlt es, und ein Beweisantritt der Beklagten, dessen Übergehung in der Revision gerügt wäre, liegt nicht vor (vgl. dazu Neumann-Duesberg, NJW 1952, 131 u. Jur.R 1952, 72). Es ist z. B. denkbar, daß es ohne den tarifwidrigen Streikurabstimmungsbeschluß oder ohne die Urabstimmung selbst zu einer Anrufung der Schlichtungsstelle, sei es seitens einer Vertragspartei oder gemeinsam, gekommen und der Streik vermieden worden wäre.

Selbst auf die umstrittene, recht anfechtbare Entscheidung OGHZ 1, 308 und die Ausführungen dort S. 315 können sich die Beklagten nicht berufen. Im vorliegenden Rechtsstreit liegt es gerade anders. Die Beklagten hätten eben nicht mit Rechtfertigung genau so, d. h. auch zur gleichen Zeit so handeln dürfen und gehandelt. Es wäre auch nicht tatsächlich der gleiche Schadensverlauf gewesen. Sollte die Entscheidung aber nur einen Verfrühungsschaden bejahen wollen, so wäre das aus den obigen Erwägnugen jedenfalls für den Fall der Friedenspflichtverletzung abzulehnen.

Aus allen diesen Gründen können sich die Beklagten nicht darauf berufen, daß sie nach Ablauf der fünf Tage seit dem Scheitern der Verhandlungen zur Einleitung von Kampfmaßnahmen berechtigt gewesen wären; denn sie haben sie in Wahrheit eben schon vorher, und zwar vorsätzlich vertragswidrig schuldhaft eingeleitet und sind daher zum Schadenersatz verpflichtet.

VI.

Auf die Frage einer Haftung aus unerlaubter Handlung kommt es deshalb nicht mehr an, da die Folgen keine anderen wären als die einer Vertragsverletzung. Es braucht daher nicht geprüft zu werden, ob der tarifwidrige Streik sozialinadäquat ist und daher zugleich gegen § 823 Abs. 1 BGB verstößt.

Sachregister

O

P

R

S

T

U

Gesetzesregister

Zusammenstellung der Entscheidungen nach der Zeitfolge

Entscheidungen des
Bundesarbeitsgerichts

Herausgegeben
von den Mitgliedern des Gerichtshofes

Berlin 1959

Walter de Gruyter & Co.
vorm. G. J. Göschen'sche Verlagshandlung / J. Guttentag, Verlagsbuchhandlung / Georg Reimer / Karl J. Trübner / Veit & Comp.

Entscheidungen des
Bundesarbeitsgerichts

6. Band

Berlin 1959

Walter de Gruyter & Co.

vorm. G. J. Göschen'sche Verlagshandlung / J. Guttentag, Verlagsbuchhandlung / Georg Reimer / Karl J. Trübner / Veit & Comp.

ZITIERWEISE

Für die Zitierung dieser Sammlung wird die Abkürzung BAG empfohlen, z. B. BAG 1,70 (= Band 1 Seite 70).

Archiv-Nr. 28 19 59

Satz und Druck: Berliner Buchdruckerei Union G. m. b. H., Berlin SW 61

INHALT

FSC
www.fsc.org
MIX
Papier | Fördert gute Waldnutzung
FSC® C083411

Kolibri 360 GmbH
Ferdinand-Jühlke-Straße 7
99095 Erfurt, Deutschland
produktsicherheit@kolibri360.de